知っておきたい

幸せになれる墓相学

後悔しないお墓の建て方

はじめに

「お墓」とは、何でしょうか。お墓と聞くと、すぐにお墓参りやお葬式が思い浮かぶかもしれません。しかし、お墓の吉凶が、人生の幸福に大きく関係していることを理解している人は少ないでしょう。

昔から、お墓は「一家の根」といわれました。それは、先祖を祀るお墓が、その家の家運を左右する「運命の根」であるからにほかなりません。根のない切り花は、どんなに美しくても早くしおれてしまいます。たとえ根があっても、悪い根からは美しい花を咲かせることはできません。人間の幸福にも同じことがいえるのです。

人はだれでも、遥か昔から連綿とつづく先祖の命をつないで、この世に生を受けています。ですから、幸福を願うということは、いま生きている者の幸せとともに死者の幸福、つまり先祖の冥福も祈ることなのです。先祖への感謝や敬いの気持ちを忘れたところに、真の幸福はありません。

このように、時空を超えて先祖と子孫をつなぐ拠り所が、お墓といえます。人と家、家とお墓、そしてお墓と子孫の運命は循環して、相互に関連し、子孫の未来を暗示しているのです。そこには当然、神秘的な霊的作用が宿されています。いかに文明・文化が高度に発達しても、大宇宙の真理と、人間の生と死は、不離一体のものであって、お墓は現界と霊界（四次元世界）をつなぐ大切な接点であることを深く認識する必要があります。

では、お墓は、どのように吉凶を織りなすのでしょうか。墓相学上から見た凶相の特徴は、お墓として大宇宙につながるべき真理を無視して、その形体を備えていないことが根本的な原因となります。天、地、人と三段に重ねられた組み合わせの調和があってこそ、大自然・大宇宙の真理に結びつく墓相の吉相が実現するのです。

本書では、墓地の選定や墓石の選び方、新しいお墓の建て方、建墓や改修にあたってのしきたり、納骨などについてやさしく解説しました。

正しい墓相を備えたお墓で、先祖を供養することは、一家の運命を向上させ、家族の幸福を招くとともに、子孫の繁栄を築くことになります。また、凶相のお墓を吉相に改めることによって、先祖の霊は慰められ、運気もよいほうに好転していくでしょう。本書が、読者の方々にとって幸福な人生を送るためのガイドとなれば幸いです。

井上象英

目次

第六章　家でのお参り

第一章

墓の起源

お墓の歴史

お墓の起源

愛する家族の死。その姿をこの世に留めておきたいと思う心、思慕の念は、現代古代にかかわらず、どの世界でも変わることのない、人間のもつ優しさです。

その象徴といえるお墓は、古代の人類が穴居生活を営んでいた石器時代からありました。もちろん今日のような完成された形体のものではありませんが、たとえ一片の石を用いても、霊を弔う印とし、「墓」という観念のもとに存在していたのです。

したがって、原始人が住んでいた穴の中に、お墓もともにありました。穴居の遺跡からは墓石のようなものが発見され、同時にその下を掘ってみると人骨が埋められているのが発見されます。このような原始のお墓は、西洋でも東洋でも見いだされました。日本でも○○百穴などと称せられる穴居の跡が発見されています。

やがて人類は武器をつくり、火を発見するにしたがって、穴居生活から農耕を中心として、太陽の輝く地上で生活するようになります。そしてお墓もともに穴から地面に現れるに至ったのです。

古代のこれらの遺跡は西欧、アジア、中近東のあちこちに散見されることになり、その種類には立石《りっせき》（メンヒル）、支石墓《しせきぼ》（コインドル、ドルメン）、積石墓《つみいしぼ》（ケルン）などがあります。いずれも現代のお墓の原形を備えているものです。

そして、人間が本能的にもつ宗教心から発して形を成したお墓は、人情や思慕が加味されるにしたがい、美的に装飾されて芸術化していきます。さらに名誉、権威、尊厳などの表現がなされて変化し、豪華に発展を遂げていったのです。

こうした豪華なお墓には高価な金銀や宝石がちりばめられ、貴重な器具が惜しげもなく備えられました。また、遺体の再生を信じたその時代には、棺を中心として華麗な室部が設けられ、遺体の復活に備えて調度品や衣類、巨万の財宝まで貯蔵されたのです。死者が、先祖の待つ世界で何不自由なく暮らせるように、生活用品を副葬品としてお墓に納めることは、残された者から死者への深い感謝と尊敬の表

▲明の14代皇帝（万暦帝）の陵墓（定陵）

▲定陵地下宮殿の発掘の発端となった入口

▲定陵内の皇帝の椅子

れでしょう。その最大のスケールとしては、全体が豪壮な宮殿となっているものもあります。

しかし、これらの豪華なお墓が建設されるにつれて財宝や金銀をねらう盗賊の標的となり、永遠の設備も破壊される恐れが生じたため、改めてその場所の選定と設計の改良が加えられることになったのです。

まず、穴居時代のように岩窟や洞窟が選ばれ、その中に埋葬墓が設けられて、入口の外から大きな岩石で穴をふさぎ、外部からの進入を防ぎました。次には、全く外からうかがい知れない地下で大工事を行ない、荘厳な墓所宮殿が建設されるに至りました。中には、河底の地下を選んだものもあります。これは時代の変遷、気候、地殻の変動によってその河の流れが変化移動すれば、おのずと地下の墓の位置は不明となり、永遠に安全が保たれることになるのです。

この地下墓所宮殿の中で、とくに世界的に有名なものに、ナイル川流域の「王家の谷」があります。三五〇〇年前、古代エジプト王国の都があったルクソール近郊には歴代ファラオの墓、王たちの墓が数多く発掘されています。中で最も有名なのが、黄金のマスクをつけ、黄金の棺に納められたツタンカーメン王でしょう。この時期のお墓はピラミッド型ですが、内室は迷路のように構成され、決して後世の者に盗掘されない技術が施されています。お墓の周囲や内部の壁には、死者のこの世での暮らしぶりや死んだ時の様子、あの世で復活する様子が描かれていることが多いのです。

そして副葬品も、あの世で復活するために

必要なさまざまな品が納められました。決して色あせることなく、永遠の命を宿すものとされていた黄金の玉座や装飾品、黄金のマスクも同じ考えと思われます。

もっとも、後に残された者の使命は、地下に建設された荘厳な墓所宮殿を絶対に外界から侵されないように守ることでした。そのためには巨大で頑丈な外壁を持つ建築にし、外部からの侵入を断固として拒まねばなりません。ですから入口を不明にしておくか、ニセモノの入口や通路をわざとつくっておく必要があったのです。

したがって、この形式の墓にはピラミッドがあり、「迷宮」ということばの語源を生んだクノッソス王の宮殿があります。また、同じ迷宮式で本当の入口が発見されなかったクレオパトラのドーム形のお墓は、かつて大砲をうち込んでも、びくともしなかったほど頑丈に建造されていたとのことです。

インカ帝国でも、先祖の待つ世界で不自由しないようにと生活必需品を副葬品としてお墓に納めていました。照りつける太陽に植物も枯れきってしまう砂の大地で、遺体は自然乾燥され、布で覆われていたおかげで白骨化せず、ミイラとなっていったのです。この古代インカ帝国の存在は、インカ氷河が溶けたことによって偶然発見されたミイラから研究が進み、明らかになりました。その時代の王家とされる人物のお墓の副葬品の有り様が、エジプトのそれと寸差がないことも不思議としか思えません。

洞窟・地下の墓

同じ洞窟墓、岩窟墓、地下墓所などでも、宗教的な迫害を避けるためや信仰の保全を考えてそれらの場所が使用され、その後墓所にされたケースも世界各国にあります。

中でも、イタリアのシチリア島（パレルモ）などでは、埋葬した遺体を自然乾燥し、ミイラ化させて陳列した地下墓地があります。日本では考えられない形態ですが、これは遺体安置所ではなく納骨堂であって、教会の真下に建設されており、二〇〇〇体近く安置されているとのことです。

ほかにも、絶壁の大岩石に穴を掘って墓所とした巨岩墓があり、あるいは長い大岩石を、そのまま加工せずに立てた今日のオベリスク型のお墓の基本をなすような自然石のお墓もあります。

ところで、話は少しそれますが、仏教の道はヒンドゥー教からインドを経てヒマラヤ山脈を越え、砂漠の敦煌《とんこう》を経由して西安《せいあん》（長安）に広がります。そして朝鮮半島を経由して海を渡り、日本に持ち込まれたわけですが、暦法や風水方術、死者に対する弔い方や埋葬法も同時に、これらの仏教僧から伝承されてきたと考えられます。日本の山陰や東北地方にも見られますが、チベットには洞窟寺院がたくさんあります。山奥の僧院の地下は洞窟になっていて、入口前には灯明やお供物が置かれ、洞窟では歴代の高僧が修行され、亡くなられた後もその地に祀られています。そこでは、私が知る日本仏教の中の密教儀式が展開されていました。

さて、話を元に戻しましょう。古代人は死者の肉体は自然に帰すことはできても、霊や見えない魂魄《こんぱく》を恐れ、弔う必要があったのではないでしょうか。その弔いの場所として、東アジア圏では山奥や絶壁の中腹にみられる洞窟型を好んだのだと思われます。

また、中国の桂林《けいりん》には、幻想的な風景の中、岩山のあちこちに洞窟が点在している珍しい地域があります。古代人の居住空間であったのでしょうが、住む者がいなくなった洞窟は生活用品とともにそのまま埋葬用の墓穴になったかと考えられます。

このように、国や地域、時代は違っても、お墓を通して現世と来世とのつながりを求める思いは共通であることがわかります。

◀唐4代中宗の娘の陵墓（永泰公主墓〈えいたいこうしゅぼ〉）
地下へと続く洞窟になっている

▲永泰公主墓内に描かれた壁画▶

ピラミッド

先にも述べたように、「王家の谷」と称される古代エジプトのファラオたちのお墓が、ピラミッド型で数多く発見されていますが、現在、日本の研究チームによってペルーのロロ神殿の発掘調査が行なわれています。その調査において、黄金の大仮面で有名なシカン帝国の実態が明らかにされました。宗教都市と考えられるシカン帝国では、女性の神官が国策を占う重要な役目をしていたと推測され、そのミイラは幾重にも黄金の飾り物に包まれ、周囲は儀式用の埋葬品で埋め尽くされていました。ロロ神殿、エルブルッホ神殿といずれも石を積み上げたピラミッド型の墓に類似しています。

では、なぜピラミッドがつくられたか、という一説について記してみましょう。

ピラミッドといっても決して一つではありません。〝三角塔王朝時代〟と称せられるほど、大小ともに多数のピラミッドが建造されました。中でも世界的に有名なのは、一つの重さが平均二トン半位の石を二三〇万個ほども積み上げた、高さ一四七メートル、幅二三〇メートルもある世界最古最大のクフ王の建設したものです。何十年もの歳月と莫大な費用、数十万の人間を使役して完成させたといわれています。

これだけの大事業を、なぜ国家をあげて多大な犠牲のもとに行なったのか、と考えてみると、はじめからお墓そのものを目的として建設したものではなさそうです。

ナイル川を中心として古代都市を形成したエジプト民族にとって、農耕や牧畜をはじめ全ての事業にわたってナイル川と密接な関連がありました。ですからナイル川の氾濫やかんばつは、民族生活の安否にかかわるほど大きな影響をもたらす一大事だったのです。これを定期的に予知して収穫を増し、被害を避けようとするために、当時の天文の観測による占星術に基づかなければならなかったのは当然のことでしょう。こうした必要性から、国家の安泰、民族の発展のために、幾何学的設計によって昼夜の別なく星の観測ができるようにと、あの巨大なピラミッド建設が急がれたのです。

しかし、このピラミッド建築の出現に最初のヒントを与えたのは、やはり〝お墓〟であっ

たといわれています。それは、母を失った農民が母を慕うあまり、砂山を築いて墓所となし、その砂の流れ崩れるのを防ぐために、外側を石で固めて不変のお墓を完成したのです。これを見た人びとは、その着想のすばらしさと出来栄えに感嘆し、自分たちも競ってそれをまねたのでした。このうわさを耳にしたクフ王が、実地にそのお墓を見に行ったのが動機となって、今日に残る世界的なピラミッドの建設が行なわれた、と伝えられています。

もちろん最初のピラミッドは、当時の王立天文台であり、観測所であって、暦の管理とともに重要な政治的機能を発揮したものでした。しかし、その後、墓所としても重用されて多数のピラミッドが建設されたことは、歴史が物語っています。

エジプトの神殿にとりつけられたオベリスク（方尖碑《ほうせんひ》）も、はじめから記念造営ではなく、やはり暦と関係の深い天体観測の器具でした。しかし、そのスマートな形体は、古代エジプトの神殿時代から各国人の愛好するところとなり、やがて世界の神殿にこの形体が用いられ、ひいてはローマ建築にすら多大な影響を与えるものとなったのです。そして後、現代各国に記念碑や墓碑としてこのオベリスク型が見られるようになります。日本のお墓も例外ではなく、ほとんどがオベリスク型、またはその変形したものというべきでしょう。

同じオベリスク型でも、エジプト式や東洋的な石仏型、または厨子型や位牌型をしたオベリスク調などのお墓が外国に見られます。これらは、どこか日本の墓型にも似ていて親

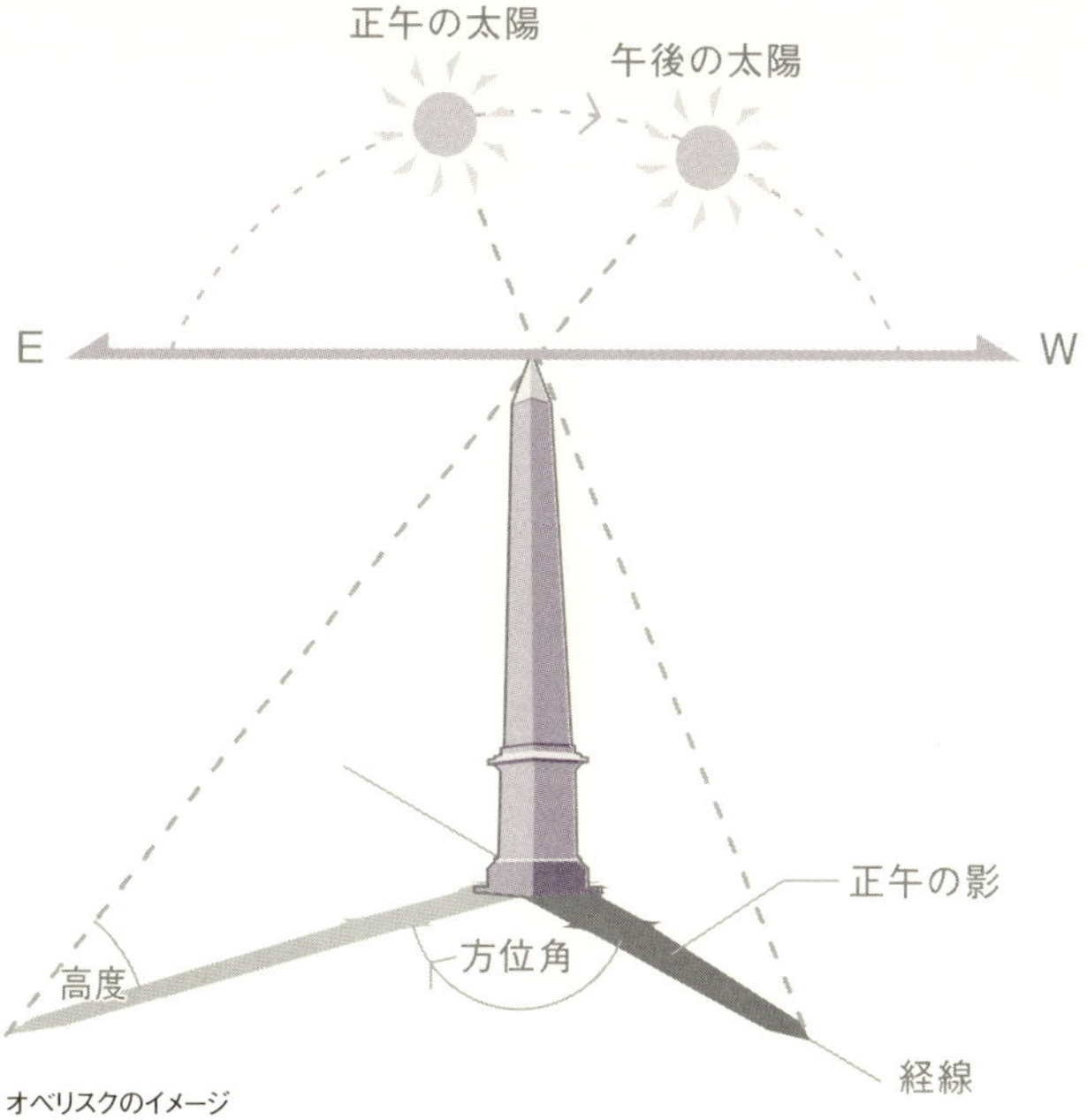

オベリスクのイメージ

近感をいだくことでしょう。

さて、古代の墓の遺跡である立石（メンヒル）、支石墓（ドルメン）なども、定住農業に必要な天文観測のための石標が根源ではないかと考えています。また、立石は、遠い国に行って亡くなった人や、帰ってこない人を偲んで建てた記念碑のようなものだろうともいわれています。

この立石に似たものでストーンヘンジがありますが、これはお墓とは全く関係なく、太陽や星の観測に使われた石標であったと考えられており、マルタ島や英国のロンドン西方にあるストーンヘンジは、巨石文化の遺跡として世界的にも有名です。

中国のお墓

六世紀ごろ、古代日本と百済《くだら》との交易は活発で、多元的な交流があったことは事実のようです。それは朝鮮半島の南西部（ヨンサンガン流域）に多くみられる日本のものとよく似た前方後円墳の横穴式の石室や、日本の五〜六世紀につくられた古墳から百済製の冠や耳飾が出土したことで検証されています。

中でも異彩を放つのが、日本最大の前方後円墳である大阪府堺市の仁徳天皇陵古墳です。十基以上の陪塚（古墳）を周囲に構え、人物型はにわをはじめ馬や犬、家型のはにわ、甲冑や刀剣、ガラス製品なども出土したことで世界的にも有名です。大阪の今城塚古墳や福岡の岩戸山古墳など、その形状はどこか韓国のものと類似しています。

また、山城や陵墓づくりに協力した実務能力のある有力者が、百済から仏像（通称百済観音）を持ち込み勧請することで、仏像を拝む習慣が始まったとも考えられます。

それでは、朝鮮よりもっと西の古代中国ではどうだったのでしょうか。

日本のお墓の形体や方式は、漢字や仏教の伝来と同じく、やはり中国より移入して来たもので、墓相学は、中国で生まれた風水地理学を源流としています。風水に関する最も古い資料だと思われる「黄帝宅経」の記述にもあるように、中国では、すでに約四千年前から宅兆《たくちょう》、つまり墓所を占うことによって墓相の吉凶が論じられていました。石碑の建て方そのものより、墓地に重きを置いたのです。

▲前漢時代第4番目の皇帝景帝と皇后の陵墓(漢陽陵〈かんようりょう〉)

これは、「吉相の地に墓所をつくることで、一家や子孫の繁栄をはかる」という考えで、儒教的な思想と融合しながら、現在も中国や韓国、東南アジアの諸国に根づいています。

中国においては、晋《しん》の時代の郭璞《かくはく》による『葬経《そうきょう》』をはじめとして、いろいろな書が明らかにされており、その後の墓相に関する書は、地相、家相書とともに風水示意図として非常に多く公開されているのです。

中国のお墓をみるとき、その淵源は二系統に大別されるといってよいでしょう。一つは、世界の屋根と称され、人類発祥の地ともいわれるヒマラヤ山脈地方から伝承された山陵式のお墓です。もう一つは建設式の形体で、この建設式墓は古代文明の発祥地エジプト文化に端を発し、ローマ文明の洗礼を受け、さらにインド、タイなどを経て中国に移入されました。そして、東洋的な色彩をおびて日本に伝来し、江戸時代後期の基本的な墓形を形成して、現代のお墓に至ったと見るべきでしょう。

その古代中国のお墓を知る手がかりの一つに、巨大な規模の宮殿や陵墓の発掘がありますす。司馬遷の史記やその他の中国の伝説にある殷王朝の遺跡からは、土塁で固められた竪穴式のお墓が発見され、周囲からは精巧な青銅器や、漢字のもととなる甲骨文字が刻まれた骨や土器が発見されていますが、この三五〇〇年以上も前の中国最古の王朝とされている殷墟《いんきょ》は、現在の安陽市小屯村に存在します。

その他に古代中国の代表的な陵墓としては、秦王朝の始皇帝陵があります。始皇帝陵は今でも解明されていないことが多く現在でも研究が進められおりますが、その規模は地下宮殿を有する周囲二〇〇〇メートルに及ぶ巨大な墳墓で、墓室を埋めた覆土や抗の周囲からは、犠牲者（殉葬者）の人骨が一〇〇体近く発見されています。また、内城と外城の城壁に囲まれた陵は、正方形の二重方錐台形の墳丘となっています。墳丘東側の地下には通路が掘られ、三基の兵馬俑坑《へいばようこう》が発見されています。

そして注目されるのは、墓室の上に祠のような建築物を建てた形跡が見られることです。これは、殷の時代に習慣化した、墓上に建物を建てる方式が引き継がれていた証となります。漢民族独特の埋葬の方法は今さらに、どのような技術をもってつくられたのか。精巧かつ

▲秦の始皇帝の陵墓から出土した兵馬俑〈へいばよう〉

緻密に構成され完成度の高い兵馬俑や青銅器などの副葬品、あるいは高度な芸術的粋を極めた技術を駆使した壁画や調度品、陶器類など、さらに文字や紙、筆や織物に関する文明の源流といえる品々が無尽蔵に出土しているのです。

黙して語らない王朝の陵墓は、今日の墓相学の源流を指し示し、大切な人物を弔い葬る基本軸を伝えているように思います。

ここで一つ、古代中国の習慣によれば、皇帝を葬る墓地は「陵《りょう》」、聖人を葬る墓地は「林《りん》」、大臣や武官などの官僚の墓地は「攷《こう》」と呼びます。そして、一般庶民の死後に葬られる場所は「墓《ぼ》」といわれていたことを書き加えておきます。

孔子について

孔子は、中国・春秋時代の魯《ろ》の思想家、儒教の祖であり、言行録の「論語」とともに、その名を知らない人はいないほどでしょう。釈迦、イエス・キリストと並んで、世界三聖人の一人にも数えられることもあります。

その孔子と一族の墓所である「孔林」が、生地の山東省曲阜市の北部一帯にあります。「至聖林《しせいりん》」ともいわれ、孔家墓地としては世界最大規模のもので、今日では十四・五キロにわたり高さ四メートルの城塀に囲まれています。孔子を祀る孔廟、孔子直系子孫の屋敷の孔府とともに「三孔」とされ、孔林の巨大な古代式墓林そのものが世界遺産に登録されています。

紀元前四七九年に孔子が亡くなり、魯の都の北方、泗水《しすい》に葬られましたが、現在の二〇〇ヘクタールの広さを誇る孔林は、周囲を珍しい木々の林の塀で囲われた墓所です。その樹木のほとんどが樹齢一〇〇〇年を超え、檜や松などさまざまな種類があり、まさに古樹に守られています。

この孔林には、私が親交をいただいている孔祥林《こうしょうりん》氏の父君孔徳成《こうとくせい》先生はもちろんのこと、孔家の末裔が代々葬られています。どのお墓も鳥居を有しており、仏像が立てられています。また、入口の左右には石の将軍像（翁仲）、文官や武官の像が立ち、馬や羊、中には兎や豹などを想像させる石造が立ち並ぶ所も数多くあります。

いずれの墓碑も半円型の墳丘の手前に高い

石塔が立ち、故人を思い起こす漢詩が彫られていますが、中央門から車で五分ほどの深遠な樹林の中に、正方形の赤い塀に囲まれた一区画があります。まさしくそこが孔林の中心、孔子とその子の孔鯉《こうり》、そして孫の孔伋《こうきゅう》の墓地です。見上げるほどもある孔子の墓の前の石碑には、諡《おくりな》である文宣王の称号が、篆刻文字で『大成至聖文宣王墓』と彫られています。

孔子のお墓の東（横）には孔鯉のお墓があり、前に孔伋のお墓がありますが、こうした配置は「携子抱孫」（子供をつれて孫を抱く）といって、とくに孔子から三代目くらいまでの埋葬の仕方で、背景に〝死んだ後も生前と同様に暮らしたい〟という思想が深くあったようです。

▲孔子一族の墓所（孔林）内の孔子墓

日本のお墓

◆原始時代のお墓

人は、死んだらどうなるのでしょうか。遥か遠い神様や仏様のいる世界に行くのでしょうか。それは筆者の私にもわかりません。ただ言えることは、〝死〟を迎えたことで人間として生まれ成長変化した肉体は活動を停止し、壊死するということです。その後に残された肉体は、土に戻すことで、やがて水として自然に還元されるのです。

原始時代、人々は人が死ぬと簡単な穴を掘り、そこに亡骸を埋めました。つまり、その時代から「墓」という観念が存在し、死者をすみやかに地球自然の大地に戻すことに神聖な意義を感じていたのです。

◆古代のお墓

縄文時代には、亡くなった人の死体を山林原野にそのまま捨てることもありましたが、やはり埋葬するのが一般的でした。

ただし、埋葬するといっても塚を築いたわけではありません。土中に楕円形の簡単な穴(土壙《どこう》)を掘って、遺体の腰を折り、膝を抱えさせ、手足を曲げて穴に入れやすくして、その穴の中に埋めたのです。これを屈葬《くっそう》といいます。

この屈葬の中には、遺体の上に大きな石をのせて埋める場合もありました。これは抱石葬《だきいしそう》といわれています。死者の霊が禍いすることを恐れ、その霊を封じこめてこれを防ぎ、生きている人間に害を及ぼさないようにするため

▲津雲貝塚から出土した屈葬された人骨（個人からの写真提供）

と考えられています。日本で屈葬が行なわれていたことは、岡山県の津雲貝塚から発掘された人骨の状態で明らかにされました。

しかし、屈葬については、さまざまな解釈があります。膝を折り曲げた形が胎児の姿に似ていることから、死者の再生を願ったという説や、穴を掘る労力を省くためといった説もあるようです。

屈葬でも、遺体を埋葬する際、耳飾りや腕飾り、貝輪、翡翠の玉などの装身具とともに葬られる場合もありました。これは、集落が形成され、それを統率した人物のものと考えられています。

また、縄文時代の中期から後期には、集落の中央に広場があり、そこにお墓が設けられて、その周囲に住居がある環状集落もつくられました。これは関東、中部、そして東北に数多く見られます。

縄文文化の象徴とされる土偶《どぐう》も、早期以降につくられるようになります。土偶は、素焼きの土製で人間を模したものです。青森県の亀ケ岡遺跡から出土した遮光器土偶が有名ですが、ほかにもハート型のものや、みみずく型のものなど、さまざまな形態があります。それらのほとんどが乳房を持ち、女性をかたどったものです。

縄文人が土偶をつくった目的や、その用法については多くの説があり、はっきりとした定説はありません。一説には、呪術的な意味を持たせてつくられたとされています。また、生命の糧を与えてくれる大自然への崇拝と畏敬の念、広い意味での信仰心から、祈念の対象として土偶があったという説もあるようです。

縄文時代の終わりころには、遺体を納めて埋葬する甕棺《かめかん》も現れます。ただし、ほとんどが胎児や乳児を葬るための小さなものでした。この甕棺は、母親の胎内（子宮）を仮想した形と考えられています。

弥生時代になると稲作が始まり、定着して農耕を営むようになって、人々の生活が大きく変わります。それに伴って、葬送の形も変化していきました。

その一つが、支石墓です。北九州を中心に、朝鮮半島から伝来したとみられる支石墓が数多くつくられるようになります。この支石墓は、土の中に遺体を納めた石棺や甕棺を埋め、この上に大きくて平たい一枚の石をのせたものです。遺体を直接土に埋めた土壙の側に数個の支石を並べ、その上に巨石を置く場合もありました。

支石墓の巨石には、墓標のような意味合いがあったと考えられ、このころから死者への追悼や先祖への崇拝の心が、目に見える形となってあらわれてきたことがうかがえます。また、支石墓がつくられたのは、ほとんどが集落から離れた小高い丘などでした。このように、縄文時代とはあきらかな違いが見られるようになります。

また、石を組み合わせた石棺や、木の板を組み合わせた木棺もつくられましたが、縄文時代からつづく甕棺が主流になります。中期になると、大形の甕もつくられ、成人も埋葬されるようになりました。九州北部を中心に、

▲日本国内の支石墓遺跡として最大級の原山支石墓群

▲亀ヶ岡遺跡から出土した遮光器土偶
Image:TNM Image Archives　Source:http://TnmArchives.jp/

二つの甕の口縁を合わせた、合わせ口甕棺が多く出土されています。

とくに、この弥生時代の大きな特徴とされるものに、方形周溝墓と呼ばれる墳墓があります。これは、方形に浅い溝をめぐらし、内側に盛り土をして、その中央に土壙を設けて埋葬するものです。墓域をはっきりと区画したことは、日本のお墓の歴史にとって大きな変化でした。

さらに弥生後期になると、西日本に墳丘墓が現れます。これも盛り土によって墓域を画したものです。墳丘の形も規模もさまざまですが、甕棺や竪穴式石室がなどが設けられています。この時代の墳丘墓は、地域差が大きく古墳のような統一性はみられませんが、後に出現する前方後円墳につながるものと考えられます。

ところで、日本の弥生時代前期にあたる中国・秦の時代、始皇帝が不老長寿の仙薬を探させるために徐福を東方に向かわせ、現在の和歌山県熊野にたどりついたという〝徐福伝説〟は有名です。弥生時代を特徴づけるお墓の一つが墳丘墓なわけですが、その原型が咸陽《かんよう》に都があった時代の秦東陵にみられることから、この時代の墳丘墓は、徐福の一行に加わっていた技術者の一人に指導を受けたものと推測しても良いのではないかと考えられます。

このように、古代では自然葬が日常的であったものが、次第に形式を整え、儀式化されていきます。たとえば現代では、遺体はほとんどが火葬にされ、遺骨を壷に納めて土中に葬

▲高松塚古墳（奈良県明日香村）

ります が、古代は土葬で、それが火葬になり、ときには土葬に戻り、また火葬に変わるなど、埋葬の方法も変化しています。一方、日本人は当然のこととして、葬儀という儀礼を通して死者を送り、神仏を祀り、仏壇を置いて先祖を供養します。

七世紀末から八世紀初めにつくられたとされる高松塚古墳、キトラ古墳など、被葬者の霊を弔うお祭りや儀式を盛大に執り行ったと考えられる埋葬形式が、壁画や埋葬品によってうかがい知ることができますが、日本における、こうした葬送の文化や形式、祈る心は、縄文や飛鳥の古代から長い時を経て受け継がれ、また、さまざまな形に変化しながら伝えられてきているのです。

◆古墳時代のお墓

古墳時代は、その名が示すように古墳、つまり墳墓の造営が盛んに行なわれました。墳墓というのは、土を盛り上げて築いた高塚に死者を葬るものです。

日本のお墓の形体や方式は、中国より伝わってきたものです。中国の墓形の一つである山陵式墓は、山のように高く大きいところから〝山陵〟の名がついたわけですが、日本の原始的なお墓と融合発展して、日本上期の墓形となり、巨大な高塚式古墳がつくられるようになりました。その形体は、円墳、方墳、上円下方墳となり、三世紀から七世紀にかけて、日本独特の前方後円墳が造成されるに至ったのです。

この前方後円墳とは、死者を埋葬した円丘（後円部）に祭壇状の方丘（前方部）を付設した形体をいいます。前方後円墳で、初期の大規模な古墳として知られるのが、奈良県にある箸墓古墳です。全長二七八メートル、高さ三〇メートルの墳墓で、卑弥呼の墓ともいわれます。『日本書紀』では、箸墓は倭迹迹日百襲姫命《やまとととひももそひめのみこと》を埋葬したお墓とされ、その名の由来が書かれています。

また、この時代を代表する前方後円墳で最も有名なのは仁徳天皇陵で、大阪府堺市にあります。三重の堀をめぐらした陵は、全長が四八六メートル、高さが三五メートルにも及ぶ巨大な墳墓です。あのクフ王が建設したエジプトのギザのピラミッドと比べても、その高さ以外はじつに二倍以上の大きさで、まさ

▲仁徳天皇陵（大阪府堺市）

に世界最大級の墳墓といえるでしょう。先代の応神天皇の陵も、同じ前方後円墳であり、やはり大規模なものです。奈良県広陵町にある馬見丘陵の古墳も前方後円墳で、史跡に指定されています。

これらの古墳の墳丘には、はにわが並べられ、斜面は葺石で覆われました。そして、古墳の内部には、埋葬する施設として竪穴式石室が設けられ、さまざまな副葬品が納められたのです。代表的なものに、三角縁神獣鏡などの銅鏡や玉類、甲冑や武具、馬具などがあります。こうした副葬品も、中期以降になると、宗教的な意味合いを持つ装飾具や装身具より、甲冑や武具が多く使われるようになったようです。

やがて古墳の中も、竪穴式石室にかわって、五世紀の中頃に登場した横穴式石室が多く設けられるようになりました。古墳の形体も、六世紀になると変化がみられるようになったのです。

お墓の規模は、そこに埋葬される人の地位や権力を反映するものですから、多少の大小はあっても、このような大きな墳墓は、時の天皇、またはそれに準ずる権威者でなければ、築造することは不可能でした。大規模な古墳は当初、大和、いまの奈良県を中心に造営されていますが、大和政権が確立された当時の天皇の権勢が、いかに強大であったかがうかがわれます。

古代の葬送については、後にあらわされた『古事記』や『日本書紀』の中に、神代の天若日子《あめのわかひこ》の葬儀にふれた箇所があります。その葬儀の模様を、『古事記』ではつぎのように伝えています。

「乃《すなわ》ち其処《そこ》に喪屋《もや》を作りて、河雁《かわがり》を岐佐理持《きさりもち》と為《し》、鷺《さぎ》を箒持《ははきもち》と為、翠鳥《そにどり》を御食人《みけびと》と為、雀《すずめ》を碓女《うすめ》と為、雉《きじ》を哭女《なきめ》と為、かく行ない定めて、日八日夜八夜《ひやかよやよ》を遊びき」

もちろん、これは神話ですが、貴人が亡くなった場合の実際の葬送も、ほぼ同じように行なわれていたとみてよいでしょう。

その記述に照らし合わせてみると、貴人が亡くなると新たに喪屋を建て、本葬するまでの間、その中に遺体を納めた棺を安置しました。喪主や周りの人たちがその死を悼み、さまざまな儀礼が行なわれたようです。この儀礼を行なう期間を殯《もがり》といい、遺体をしばらく安置しておくための仮の宮殿を殯宮《もがりのみや》と呼び

▲横穴式石室の都塚古墳（奈良県明日香村）

都塚古墳内にある石棺▶

ました。

『魏志倭人伝《ぎしわじんでん》』には、一般的な葬送について、つぎのような記述があります。

「其の死には棺あるも槨《かく》なく、土を封じて冢《つか》をつくる。はじめ死するや停喪《ていそう》十余日、ときにあたりて、肉を食わず、喪主哭泣《こっきゅう》し、他人ついて歌舞飲食す。すでに葬れば挙家《きょか》水中に詣《いた》りて澡浴《そうよく》し、もって練沐《れんもく》の如くす」

弥生時代には、すでに石棺や木棺、甕棺がつくられていたわけですが、当然のことながら、身分の高い貴人と一般の人々とでは、お墓にも雲泥の差がありました。しかし、家族を失った嘆きや悲しみ、その死を悼む気持ちに変わりはなく、周りの者たちは喪に服し、歌や舞いで死者を送った点は共通していたといえるでしょう。

◆飛鳥・奈良時代のお墓

仏教が、中国を経て、朝鮮半島の百済から日本に伝来したのは、六世紀半ばで、宣化天皇のときとも欽明天皇のときとも言われています。奈良盆地南部の飛鳥地方に都がおかれ、飛鳥時代に移る少し前のことです。

仏教に最初に帰依した天皇は、第三一代の用明天皇と伝えられ、その皇子であった聖徳太子は摂政の座について、仏教を擁護し、普及に心血を注ぎました。仏教が伝えられたことは、葬送にも大きな変化をもたらすものでしたが、その当時の仏教は国家安泰のためのもので、仏教による葬送が一般的になるのは、まだ先のことです。

『日本書紀』には、仏教の受容を拒否した物部氏と対立し、仏教を受け入れるべきとした蘇我馬子が、日本ではじめて仏塔を建てたとの記述があります。

古墳時代からつづく陵墓の形は、円丘から前方後円となり、さらに円墳形になっていきます。形は変わっても、いずれも莫大な費用と日数、多数の労力を要するものでした。このため、時の天皇である第三三代推古天皇といえども、「五穀のみならず、百姓が大変飢えている年ごろ、自分のために陵を興して厚く葬る必要はない。竹田皇子の陵に葬れば、それでよろしい」と人民の貧困を心配して御陵の築造を中止されたことなどが『日本書紀』に見られます。

その後、大化の改新が起こり、翌年の大化二年には改新の詔《みことのり》が発せられて、日本は律

▲天武・持統天皇陵の鳥居(奈良県明日香村)

蘇我馬子〈そがのうまこ〉の墓と伝えられる
石舞台古墳(奈良県明日香村)▶

令国家へと歩みはじめるわけですが、この大化の改新は、葬送にも大きな影響を与えました。同じ年、第三六代孝徳天皇は薄葬の詔を出されたのです。この詔は、葬送の簡素化を命じたもので、その中に皇族より庶民にいたるまでの葬祭墳墓に関する規定が、つぎのように示されています。

一、王以上の墓は郭の大きさが九尺に五尺、墳丘の大きさは方九尋、一千人を使って七日に終わらせること。

一、下のものは小石で石郭をつくるが、庶民はそれをつくらずに直接地下に埋めること。

さらに殉死を禁じ、また髪を断ち、股を刺して弔意を表すことをも禁じました。

このほか、中大兄皇子、のちの第三八代天智天皇は、大化の改新を断行した際、諸事質素の主旨で、母皇の斉明天皇を大和に葬られたとき、「我、遺勅を奉じて万民を愛恤《あいじゅつ》し、石郭を起こすの役を停む。冀《こいねがわ》くは後世以て鏡誡《いましめ》と為せ」とされています。

飛鳥時代の中頃になると、次第に仏教も盛んになり、葬送に大きな役割を担うようになります。そして、第四二代文武天皇の御代、女帝であった第四一代持統天皇が崩御された際、天皇としては初めて火葬が行なわれました。また、第四三代元明天皇のときには、崩御されてから山に〝かま〟を築いて火葬し、その後に碑を建立されたとあります。

当時、石碑や石塔には墓誌を納めました。墓誌は、金銅板または石板に死者の功績、徳行をたたえた記録を彫刻して墓の中に納めるものです。現存する中で最も古いものは、三井文庫所蔵の『船首王後墓誌《ふなおびとこうぼし》』で、天智天皇の御代のものであり、河内国松岳山（柏原市）から出土されました。天武天皇の御代のものでは『小野毛人朝臣墓誌《おののえみしあそんぼし》』があり、これは京都崇道神社所蔵のもので、山城国愛宕郡高野（京都市左京区）の出土となっています。

都が奈良の平城京に遷され、奈良時代になると、第四五代聖武天皇が国分寺建立の詔、大仏造営発願の詔を発しました。

石碑や石塔では、文献に聖徳太子の伊予の湯の「いさには」の碑があると伝えられており、現存するものでは、奈良県の竜福寺や、滋賀県の石塔寺に石造りの層塔があります。また、第四八代称徳天皇がつくらせた百万塔も有名です。これは、百万基の木製の三重小塔の中に陀羅尼《だらに》を納め、南都十大寺に十万基ずつ

▲石造層塔では日本最古の墓標が刻まれる竜福寺の層塔（奈良県明日香村）

寄進して、国家安泰を祈ったものです。

ところで、飛鳥時代になると、埋葬した上に大きく土を盛り、墓陵の証となる塔や石碑、そして御堂が建立されるようになります。その墳墓堂で有名な御堂が、後に奥州・藤原氏三代（清衡・基衡・秀衡）の遺骨を葬った墳墓の上に建立されたものです。つまり、これが平泉・中尊寺の「金色堂」と称される仏堂なのです。それが平安時代から鎌倉時代に入ると、墓の上に御堂（法華堂）を建て、僧侶を常駐させる形態に変わり、読経三昧が形式化されて、ときには遺族が自ら僧侶とともに読経するように変化していくのです。

◆平安・鎌倉時代のお墓

西暦七九四年、第五〇代桓武天皇が都を平安京に遷し、平安時代となります。

飛鳥時代、薄葬の詔が出され、大墓陵の造築を禁止しましたが、平安時代になってからも第五二代嵯峨天皇、第五三代淳和天皇が同様に民をあわれんで、豪華な陵墓築造をいましめ、手厚い埋葬をやめられました。しかし、山陵墓形は歴代天皇に継承され、今日に至っています。

この平安時代の前期には、天台宗の開祖の最澄（伝教大師）、真言宗の開祖である空海（弘法大師）が、あいついで唐より帰朝して立宗、開山しました。まさに、日本仏教の開花期といえる時期です。

そして、この時代から多宝塔や石造りの卒塔婆などが建てられるようになりました。もちろん、はじめは万物の供養を目的としたものでしたが、それが次第に個人の墓標として用いられたと見るべきでしょう。やがて梵字を彫った石造りの五輪塔や陀羅尼経を納めるための塔・宝篋印塔《ほうきょういんとう》が出現し、後世に供養塔として伝わったのです。

五輪塔も宝篋印塔も仏教のもたらした形体で、五輪塔は、密教で説く五大、つまり宇宙の根本真理を象徴しています。平安中期以後、供養塔として用い、鎌倉以後は木製での墓標として広く用いられました。宝篋印塔は、平安時代の後期に中国から入ってきた墓形の一つで、本来は「宝篋印陀羅尼経《ほうきょういんだらにきょう》」を納めた塔です。しかし、これも時代と共に墓標とされ

▲飛鳥寺の庭内の宝篋印塔（奈良県明日香村）

蘇我入鹿〈そがのいるか〉の首塚との説がある
五輪塚五輪塔（奈良県明日香村）▶

るようになったのです。

お墓に卒塔婆が建てられたのは第五四代仁明天皇の御陵で、御陵前に鳥居も建てられました。このようにして山陵式御陵に堂塔形式が加味されていき、第七七代後白河天皇の御陵は法華堂を建立し、仏像すら安置されるようになります。

鎌倉時代に入って、仏教はさらに民衆の間に広まっていきます。宋から日本に禅宗が伝えられたのは、この鎌倉時代で、葬送にも大きな変化がもたらされました。その一つが、位牌です。位牌は、儒教の葬送で使われていたもので、それまでの仏教では亡くなった人の供養に位牌を用いることはありませんでした。禅僧が宋から、このしきたりを日本に持ち込んだのです。

また、供養塔として板碑がつくられたことも、この時代の特徴といえるでしょう。平安・鎌倉時代から室町時代にかけて墓標が広く普及しますが、とくに板碑を卒塔婆のかわりに建てることが流行しました。典型的な板碑は、関東産の青色の秩父石を薄く切り出して板のようにしたものです。

板碑には、死者を供養するためのものだけでなく、自分自身の極楽往生を願って、生前につくるものとがありました。最初のころは、蓮華座の上に阿弥陀仏を、五輪の板碑に不動明王を梵字であらわしたものでしたが、後には戒名や観音像が刻まれるように変化していきます。このような板碑は、関東地方で最も多くつくられたほか、阿波(徳島)にも多く、東北から九州まで全国に見られました。

しかし、江戸時代にはなくなり、現代では、このような形体の板碑はほとんど見られません。やはり、その石碑の厚さがきわめて薄いため、破損しやすく耐久性がないためと思われます。

鎌倉幕府がおかれたその鎌倉の地形から、「やぐら」といわれる特殊なお墓もつくられました。三方を山に囲まれた鎌倉は、平地が少ないため、山裾や山の中腹に横穴を掘って、そこに遺骨を納めたのです。五輪塔などの供養塔もあり、壁には彫刻が施され、お墓というより供養のための施設だったようです。この「やぐら」には、主に武士や僧侶が埋葬されました。東勝寺跡には、北条高時一族のものとされる「腹切りやぐら」が残されています。

この時代の天皇や貴族の葬送について記

▲国指定史跡「名越切通」内に残る「まんだら堂やぐら群」(神奈川県逗子市)

したものに、『吉事次第』という書物があります。ここに興味深い事柄が書かれていますので、いくつかご紹介しましょう。

まず、『吉事次第』の吉事とは、お葬式を言い換えたものです。鎌倉時代には、死や葬送は凶事とされたことから、これを避けて吉事という言葉が使われたのです。この中に、お葬式の手順や内容が記されていますが、「死者は、北枕にして寝かせる」「枕元には、屏風または几帳を逆さに立て、燈火に火をともす」など、現在のお葬式の様子と同じような記述が出てきます。

このように、古代からの歴史をたどってみると、鎌倉時代は、現在の葬送の原形がつくられた時代といえるでしょう。

◆江戸時代のお墓

長い戦乱がつづいた室町時代から戦国時代、そして安土桃山時代を経て、徳川家康が江戸に幕府を開きました。

葬送において、この江戸時代で特筆すべきことは、やはり現在につづく檀家制度がはじまったことでしょう。檀家制度は寺請制度、または寺檀制度ともいい、その背景には、幕府による寺院の統治とキリシタンの統制がありました。

幕府は、各宗派の寺院を、頂点に立つ本山と、その統制下に末寺をおく本山末寺制度によって寺院を統制します。

さらに、キリシタンでないことを証明させるため寺請制度を定めました。これは、その家の長が家族の構成や年齢、性別などを報告することによって、寺院から「この者は仏教の信徒である」、つまりキリシタンではないとの証明を請ける制度です。

この寺請制度によって、人々はいずれかの寺院を家の菩提寺と定めて、その檀家となることが義務づけられました。そして、寺院では、現在の戸籍に当たる宗旨人別帳が作成されたのです。また、葬式は必ず菩提寺の住職が行なうこととされ、寺院内の墓地にお墓を建てて、後々の法要なども営むようになっていきました。

先祖に対する供養や葬儀、お墓など、仏事が生活の中に定着したのは、この檀家制度によるものといえるでしょう。一般庶民が石碑や石塔を建立し、これに戒名、法名などを付

▲江戸時代の寺院のイメージ

すようになったのも、江戸時代以来、つまり、この菩提寺と結びつきが強くなってからのことです。

しかし、武士や一部の裕福な人をのぞいては、すべての庶民がお墓を建てられたわけではありませんでした。石碑や石塔の多くは、戦乱のない太平の世になり、文化や経済が栄えた江戸時代の貞享、元禄以後のもので、それ以前にさかのぼる正保、慶安、明暦、寛文などの年号が記入されたものは、きわめて少ないのです。

また、平安時代に仏教とともにもたらされた宝篋印塔は、この時代には主に、僧侶の墓として用いられたようです。

現在、最も多く見られる墓形は、角石塔型の墓標ですが、これは江戸時代の中期以後より広く用いられて、今日の和型墓石とされる三段式角石塔に至っているものです。この角石塔型の石塔が、明治時代になって、お墓として一般化していくのとほぼ時期を同じくして、石塔一基に複数の死者を祀り、さらには「○○家之墓」「○○家先祖代々之墓」あるいは「南無阿弥陀佛」「南無妙法蓮華経」と刻んだ先祖代々の墓が定着していくようになります。

江戸時代と現在の葬送を比較してみると、最も大きな違いは、野辺送り、つまり葬列といえるでしょう。土葬の場合には、遺族や近親者が、棺をかついで墓地まで列をなして行きました。火葬が主流となった現在では、野辺送りを目にすることはなくなり、寺院で葬儀を執り行なう場合に、位牌や遺骨などを持って、寺院の山門から葬列を組んで本堂に入ることがあります。

服装も変化しています。現在は、喪服といえば黒ですが、江戸時代の喪服は白の麻の上下でした。また、武士や町人、農民といった身分によって、葬列の際の衣裳や持ち物が違っていたのです。

現在、日本では葬儀の九割以上が仏式で行なわれていますが、このように、葬列と喪服をのぞいては、葬送の風習は江戸時代から今日まで同じようにつづいているものが多いといえるでしょう。

ところで、江戸時代に行なわれた葬儀に「儒葬」があります。儒葬は、一二世紀の儒学者・朱子が編纂した『朱子家礼』をもとに、儒教の礼によって行なう葬儀です。仏教では僧

▲儒葬のイメージ

侶に儀式を託しますが、儒葬は自葬で、喪主以下の人々が儒教の式次第に則って行なわれるものです。また、儒教では「人は死後、魂《こん》と魄《はく》にわかれ、魂は天に昇り、魄は地に降る」と考えられたため、土葬が行なわれました。

日本で最初にこの儒葬を行なったのは、儒学に傾倒していた土佐藩の野中兼山で、西暦一六五一年に母の葬儀を儒葬で行なっています。その五年後には、儒学者の林羅山が、妻荒川氏の儒葬を行ないました。

しかし、武家社会を支える学問として儒教は盛んでしたが、葬送の儀式として儒葬を執り行なった例は多くありません。また、明治時代になって自葬は禁止され、これ以後の葬儀は僧侶または神官に依頼して行なうことと定められました。

◆近代のお墓

西暦一八六七年（慶応三年）一〇月、第一五代将軍の徳川慶喜が大政を奉還して、二五〇年以上もつづいた江戸幕府が幕を閉じました。これによって、その年の一二月には王政復古の大号令が下され、翌年には新政府が誕生します。元号は明治、そして江戸は東京と改められ、天皇を中心とした新たな政権づくりがはじまったのです。

この明治維新は、葬送にも大きな変化をもたらしました。新政府は、祭政一致を掲げ、神道の国教化を進めるため神仏分離令を下します。これは、日本古来の神（天皇の祖神）と外来宗教である仏教が結びついた古代以来の神仏習合を禁じ、仏教と神道を分離させようとするものでした。

しかし、これが廃仏毀釈《はいぶつきしゃく》運動につながって、全国各地で寺院や仏像、経文などの破壊が繰り返されたのです。江戸時代には幕府に統制され、事実上の国教ともいえた仏教には大きな打撃でした。

さらに、明治時代になり、神葬祭墓地が整備され、近代的な公営墓地が造られます。一八七二年（明治五年）には東京市営墓地として、青山・谷中・雑司ヶ谷・染井にあいついで墓地が開設されました。そして、翌年には火葬禁止令も出されます。しかし、当時はすでに仏教によって火葬が一般的になっており、火葬を否定する神道思想は受け入れられませんでした。そのため、火葬禁止令は二年で廃止されました。檀家制度が、法的な根拠を失っ

▲近代のお墓

たとはいえ、仏教や寺院と人々との結びつきは変わらずに強かったといえるでしょう。

こうした背景から明治政府は、葬送については神葬祭も仏教も認めましたが、墓地に関しては、「墳墓ノ儀ハ清浄ノ地ニ設ケ永遠保存スヘキモノ」と規定しています。

また、一八八四年（明治一七年）になると、「墓地及埋葬取締規則」が制定されました。これは、墓地や埋葬について〝公衆衛生〟と〝治安維持〟の面から規則化したものです。具体的には、墓地以外への埋葬が禁止され、埋葬するには許可証が必要とされました。これによって、遺体や遺骨をそのまま野ざらしにするといった風習は姿を消していきますが、新たな問題として墓地不足が深刻になったのです。

さらに、明治の民法では、「お墓は先祖祭祀の対象であり、その家の長男がこれを相続する」とされ、お墓＝家の概念が生まれていました。そのため、江戸時代にはほとんどが個人墓でしたが、これ以後は、先祖代々のお墓が普及していくようになります。一般的になったのは、日清戦争以後のことだったようです。

大正時代に入っても、お墓の有り様が変わりました。そのきっかけとなったのは、一九二三年（大正一二年）九月一日に関東地方南部を襲った関東大震災です。相模湾を震源地とするマグニチュード七・九の大地震で、死者・行方不明者が約一四万人、全壊家屋は約一三万棟、家屋焼失は約四五万棟という大災害をもたらしました。この大震災後の復興事業に伴って、大規模な寺院墓地の移転も行なわれましたが、墓地が不足し、ますます一家に一基という先祖代々のお墓が広まっていったのです。

それでは、天皇陵に目を転じてみましょう。京都伏見桃山にある明治天皇の御陵は、天智天皇陵に範を取ったといわれる上円下方形となっており、これ以降は、皇室陵墓令によって陵墓は上円下方形と制定されました。また、皇后陵は中国の古式に則って、天皇陵の東に造営されることになりました。その墓所の区画も、天皇陵は二五〇〇平方メートル、皇后陵は一八〇〇平方メートル、皇太子、同妃、皇太孫、同妃の陵は三五〇平方メートルと定められています。

そして、大正天皇以後、天皇・皇后の陵は東京・八王子の武蔵陵墓地につくられ、ここに

▲昭和天皇陵

昭和天皇陵も設けられています。

現代の純日本風で神道式墓といわれるものの多くは、鳥居の奥に参道を有し、この山陵式円墳や上円下方形を模して、縮小化した形体のものがとり入れられています。もちろん、近年まで神道式にかぎらず、仏式でも土葬の場合は当然、丘陵形、円墳形の塚墓も見られたわけです。

さて、お墓の歴史を終えるに際して、最後に一言、述べましょう。お墓は建てればよいものではなく、お墓参りすることが大切なことを忘れないでください。その歴史が語るように、いつの時代も、お墓は、先祖と現在の私たちをつなぐものなのです。

コラム

はにわについて

「はにわ」は考古学では、大和朝廷が栄えたころにつくられた土器の一種とされています。赤土の素焼きでできたもので、古墳の周りに並べられました。

二つの系統があり、一つは、盛り上げた土が流れ崩れないように立てられた円筒形の「はにわ」です。仁徳天皇陵には、円筒形の「はにわ」が六尺ごとに四個のわりに配置され、それが三重になっており、さらに外堤にも一重あったといい、その個数は約一万一千個にも及ぶとされています。

もう一つは、殉死者のかわりにされた人物、動物、家屋、器具などの「はにわ」です。人物の「はにわ」の男子像には、平服姿と武装姿とがあり、女子像は簡単な上半身のものが多いようです。動物の「はにわ」としては、馬、鶏、水鳥、犬、猿などが多く見られます。これは日本だけでなく、朝鮮国王の墓からも出土されています。

『日本書紀』には、垂仁天皇の叔父の倭彦命《やまとひこのみこと》が亡くなったとき、多くの殉死者の姿に心を痛めた天皇が、殉死にかわるものがないかと臣下に相談したことから「はにわ」が考えられたとあります。その後、皇后の日葉酢媛命《ひばすひめのみこと》が亡くなった際、野見宿禰《のみのすくね》の建議を入れて、人のかわりに「はにわ」を陵の周りに立てるようになったのです。

第二章

墓相とお墓の基本

墓相学とは？

第一章でお墓の歴史的な変遷を紹介しましたが、現代になって改めて「墓相学」として認識されたのは、昭和の初期のことです。墓相に関する本が話題となり、太平洋戦争中は、墓相学の全盛期を迎えました。その後、日本の敗戦によって時代が大きく変わり、神仏を拝み、祀ることも少なくなり、墓相学もかげをひそめたのです。

しかし、いま少子化・核家族化が進む中、葬送のスタイルも多様化して、お墓への関心も高まっています。それに伴って、また「墓相学」も注目されるようになりました。その理由は、どんなに時代は変わっても、お墓によって家運が大きく左右されることに変わりはないからです。先祖を祀るお墓は、一家の幸福や子孫の繁栄、人生の成功と深いつながりをもっているのです。

つまり「墓相学」とは、先祖の正しい祀り方の研究といえるでしょう。その根底に、「先祖がいたからこそ私たちが存在する、先祖に感謝する」という敬いの心があることは、いうまでもありません。

「墓」という字は、土の上に人が横たわり、その上から押え蓋がしてあって、そこに日が当たり、草が繁っている様子を表しています。大切な日の輝く明るい場所と、青草の繁る場所を意味しているこの「墓」という字は、まさにお墓の在り方を明瞭に示しているのです。

しかも、「墓」という字は裏表がなく、上下はあっても左右対称であり、どっしりとすわりのよい、落ち着いた文字です。お墓に関しては、やはりこのような考えを持つべきでしょう。

故人の霊を祀る墓と運命との関係は、とても神秘的なもので、そこには当然、霊的な作用があります。それが、墓の相が表す暗示となり、その家の運命や吉凶禍福につながっていくことになります。

したがって、墓地の地形やお墓の建て方といった墓相がよければ吉運となり、運命も向上します。また、凶相を吉相に改めることによって、運気も好転していきます。

「墓相学」は、先祖を供養し、現在の家族がよりよい人生を送り、子孫の発展を築くための道標といえるでしょう。

墓相の基本形体

墓相の吉凶は、「墓石」の在り方によって生じます。その墓石の基本となる形体は、図のような三段式角石塔の形です。上から順に「天柱石」「人位石」「地盤石」と称されます。下の板型の台石は「芝石」といい、花立てや水鉢をおきます。天柱石が縦長の長方体をしたこのような墓石は、現在の日本で最も多く見られる伝統的な形です。

この三段式角石塔の形体において、各石ごとに正しい在り方があります。そして、それぞれが墓相学による命理、つまり運命の原理の傾向を暗示し、吉凶が生じるのです。

最上部の天柱石は、俗に棹石といわれ、また天石や寿石ともいわれます。この天柱石の正面に「〇〇家之墓」と家名を刻み、上部中央には家紋をつけるのが一般的です。天柱石の左右の側面には、原則的には戒名などは刻みません。しかし、裏面には必ず建立した年月日と、そのお墓を建てた施主の姓名を刻みます。天柱石は、墓相学による命理では、現在の自分の運勢と健康、さらに子孫の運勢と健康を暗示します。

上から二段目は人位石で、人石または禄石ともいわれます。この人位石の正面には通常、何も記しません。天柱石に「南無阿弥陀仏」など家名を入れない場合のみ、「山本」とか「望月」などと苗字を右から刻みます。その他の側面にはいっさい何も記しません。

墓相学による命理では、この人位石は、自分の将来の運命の傾向と家運の大勢に関する事

墓石（角石塔）の基本形体図および名称

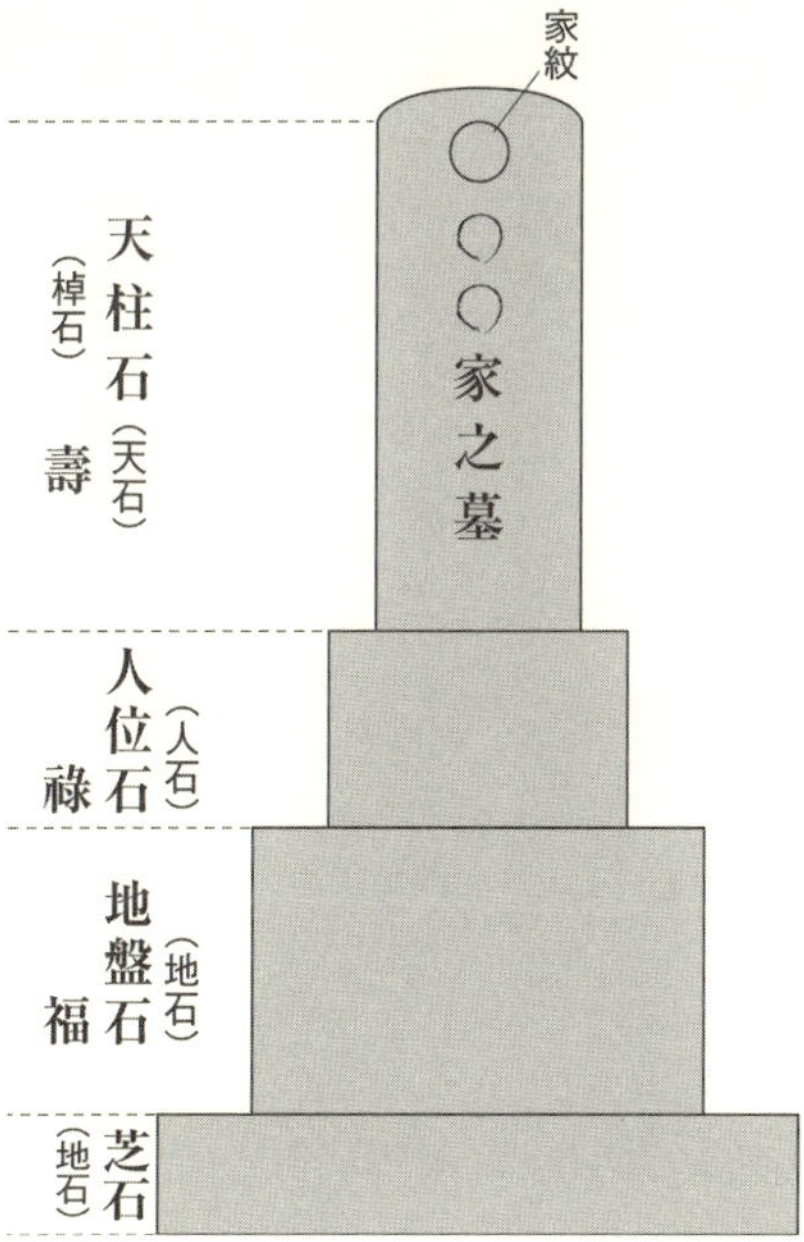

柄を暗示します。

上から三段目は地盤石で、地石または福石ともいいます。この地盤石には正面にも側面にも、いっさい文字その他を刻みません。よくこの地盤石に線香立てや花立ての穴、または水入れの穴などを掘っているお墓を目にしますが、これは正しい地盤石の在り方ではないのです。

この地盤石が暗示する墓相学の命理は、自分および一家の財運を表します。

このように墓石には正しい在り方があり、命理の傾向を暗示しています。そして、それが墓相の吉凶、ひいては自分や一家の運命につながるのです。この基本をよく理解したうえで、これからご紹介する墓相学の話を読み進めてください。

墓相の見方

墓相を見るには、ただお墓の向きの良否を判断すればよいのではなく、さまざまな角度から判断する必要があります。

詳しくは第三章以降でご説明しますが、まず、お墓がある墓地から見なければなりません。従来のような寺院の境内にある墓地のほか、現在は公営墓地や民営墓地も多くなっています。しかし、いずれであっても、墓地はお墓の建つ土地ですから重要です。墓地の第一条件といえる日当たりとその地形をはじめ、「張り」や「欠け」の有無と方位、立地、地質、広さ、周囲の状況などから吉凶を判断します。

つぎに墓石です。最近は、洋型の墓石や好きな形にデザインした墓石なども建てられていますが、基本となるのは、あくまでも和型墓石の三段式角石塔です。この形体にもとづいて、墓相の吉凶を見ます。

それには墓碑の形と向き、墓地内の墓碑の位置の他、家名や建立年月日、施主名など、墓碑に刻む文字も重要になります。また、建立してから長い年月のたった墓石の場合、ひびや破損など、墓石の状態を見ることも必要です。

石材にも吉相と凶相があります。どのような材質、色の石材を用いるかによって墓碑の吉凶がわかれます。見た目が美しくても凶相の墓碑となる場合がありますから、注意しなければなりません。

また、地下納骨堂のカロートは、納骨の仕方とも大きく関わりを持ちます。通常、墓石の下にあって外からは見えませんが、遺骨を納める大切な部分ですから、凶作用を招く造りになっていないかを判断します。

そのほか、先祖代々の戒名や没年月日を刻む墓誌、隣接する墓地との境界石、卒塔婆を立てる塔婆立て、花立て、水鉢、香炉、灯籠、荷物置石など、お墓に付属するものにも、すべて〝相〟があります。

さらに、お墓に関する吉凶は、目に見えるものだけではありません。新たにお墓を建てる場合はもちろん、お墓の改修や移転に当たっても方位や日取り、完成後の御霊入れ、納骨式、また脱霊修法といった古くからのしきたりなど、さまざまな要素が影響します。

したがって、それらを総合的に見て、先祖の霊を祀るのにふさわしいお墓か、墓相の吉凶を判断するわけです。

お墓の基本知識

永代使用権とは?

お墓を建てるには、まず、建立する土地が必要になります。しかし、お墓はどこにでも勝手に建ててよいものではありません。遺骨を埋葬する特定の場所として、「墓地、埋葬等に関する法律」で定められた「墓地」に限られています。ですから、「自分は広い山林をもっているから、そこにお墓を建てたい」などといっても、それはできないことなのです。

一般には、この墓地を寺院や霊園などから「買う」といいます。しかし、墓地となる土地は、普通の建物を建てる土地のように所有者から買い取ることはできません。墓地の場合は、土地そのものを買うわけではなく、実際は所有者との契約によって「墓地として永年に使用する権利」を得ることを意味します。この権利を「永代使用権」といい、権利を得るための代金として「永代使用料」を支払います。

また、この永代使用権は、お墓を承継する子孫に代々引き継ぐことができ、他人に売却したり、墓地以外の目的に使用することはできません。

ただし、永代使用権は、法律で認められている権利ではなく、あくまで墓地を所有している者と申込者との間で契約を交わすものです。契約を結ぶに当たっては、契約内容を十分に検討しましょう。

誰が入るお墓を建てるのか

お墓を建てる際は、「このお墓に誰が入るのか」ということも考慮しなければなりません。それによって、お墓の形態も違ってきます。

最も一般的なお墓は、家族の遺骨を合祀する、つまり一つのお墓に代々の遺骨を埋葬して、親から子、子から孫へと受け継いでいく家墓です。墓石には「○○家之墓」などのように家名を刻んだり、「先祖代々之墓」「累代之墓」などと刻みます。

家墓の場合は、お墓を継いで守っていく承継者が必要です。子供のない家では、親族が承継することもあります。

子供がいても、少子化で一人っ子同士の結婚も多くなりました。こうした事情から増えているのが両家墓です。一つのお墓を建て、そこに夫婦それぞれの両親や先祖を一緒に祀ります。

夫婦二人だけが入るお墓もあります。子供のない夫婦が、自分たちのために建てる夫婦墓です。結婚して婚家のお墓に入る娘が、実家の両親のお墓として建てるケースもあるようです。

また、生涯独身を通す人が自分のために建てるなど、一人だけの遺骨を納めるお墓もあり、個人墓といいます。

夫婦墓や個人墓は、お墓を承継する人がいない場合は、自分たちが亡くなった後のお墓の管理について、永代供養の契約を結んでおいたほうがよいでしょう。

お墓はいつ建てるのか

　お墓はこの時期までに建てなければならないといった決まりはありません。しかし、家族が亡くなって新たにお墓を建てる場合は、仏教では忌明けとなる四十九日を過ぎれば、早いほどよいとされています。遺骨をお墓に納め、故人の冥福を祈る意味からも、葬儀から一年以内を目安に建墓して、一周忌の法要のときに納骨するのが一般的です。遅くとも三回忌までにはお墓を建てたほうがよいでしょう。

　ただし、お墓を建てる際には、その方位が年や月の暗剣殺・五黄殺・歳破・月破など、そして、前年の歳破の跡に位置する「死符」の方位に当たっていないか、よく調べてから着手しなければなりません。この大凶方位に当たる場合は、やむを得ませんが建墓の時期を延ばして、大凶の方位に当たらない時期を待って行なうべきでしょう。そうしないと、せっかく吉相の墓碑を建てたとしても、方位による災いによって凶禍を招くことになってしまいます。

　この場合の方位の吉凶は、お墓を建てる施主の本命星を中心として見ていくのが正しい見方です。施主の生年月日から年回りの吉運年、凶運年をよく調べ、また自宅から墓地や霊園の方位をきちんと調査して、吉凶を正しく判断してから建墓に着手してください。また、このときには、年、月ともに見るべきで、年の方位だけ、また月の方位だけを見るような片手落ちにならないよう、十分注意しましょう。

お墓の建て方の流れ

1. **墓地を選ぶ**
   費用や利用規定、立地条件など検討。

2. **石材店を選ぶ**
   石材店を指定している墓地もある。

3. **墓石を決める**
   形体や材質、刻む文字などを決める。

4. **石材加工・工事**
   墓石の加工、基礎・外柵工事の施工。

5. **完成を確認する**
   仕上がりを確認し、工事費を支払う。

6. **開眼供養を行なう**
   僧侶を招き御霊入れの儀式を行なう。

コラム

お墓を建てる費用

お墓を建てるには、さまざまな費用がかかってきます。たとえ規模が小さい場合でも、費用は決して安いとはいえません。予算をたて、総工費用を試算してみましょう。

まず墓地は、管理・運営が公営、民営、寺院のいずれの場合も、永代使用料と年間管理料が必要です。寺院の檀家になると、さらに寺院を維持するためのお布施や寄付を納めなければなりません。

また建墓には、石材費、石材の加工費、墓石や墓誌の設置費、カロート（地下納骨室）などの工事費、香炉や花立てなど付属品の設置費といった費用がかかります。

ただし、墓地の場所や区画の広さ、墓石の種類などによって、価格に大きな差があります。また、石材店によっては、「墓石建立費一式」などとして、項目ごとの価格を明示しないところもあります。お墓を建てる際は、複数の石材店に見積りを出してもらい、金額や内容を比較検討して、十分に考慮してから依頼してください。

完成した後には、墓碑に魂を入れる開眼供養や、お墓に遺骨を納める納骨式があります。僧侶への御布施、石材店や墓地の管理者への御礼、法要の会食費や参列者への引き物代などが必要になりますから、その費用もあらかじめ予定しておきましょう。

第三章

吉相のお墓の建て方

墓地の選定

墓地の地形

お寺の墓地や霊園、または共同墓地の場合は、自宅からの方位に吉凶を論じることはありません。それぞれの家庭の事情にあわせて自由に選択してください。

しかし、墓地の地形には吉凶がありますから、新しく墓地を購入する際には十分注意しなければなりません。悪い地形や地質の墓地では、いくら吉相のお墓を建てたとしても、吉作用が半減してしまいます。

墓地の形は長方形が基本で、「張り」や「欠け」のない地形が最良とされています。ただし、墓地の中心から見て、東・東南・南・西北・北の方位に張り出している場合は吉となります。逆に、この方位に欠け込みがある場合は凶になってしまいます。その他の西南・西・東北の方位は、張り・欠けともに凶です。

また、長方形の地形でも、墓石の後方がやや高くなっている土地はよいですが、低くなっている地形は凶相となります。陰気を呼んで衰運を暗示し、病人がでるなど、凶作用を招くことになります。

墓地の立地条件としては、日当たりがよく平坦で、墓参しやすい場所が最も適しています。山や丘の頂上、崖地にあるような場所は避けなければなりません。もちろん森林の中や大樹の下など、陰の気の多い場所は大凶相です。地質については、ジャリ石などが混じっていない、よい土質の墓地を選ぶことが大切です。

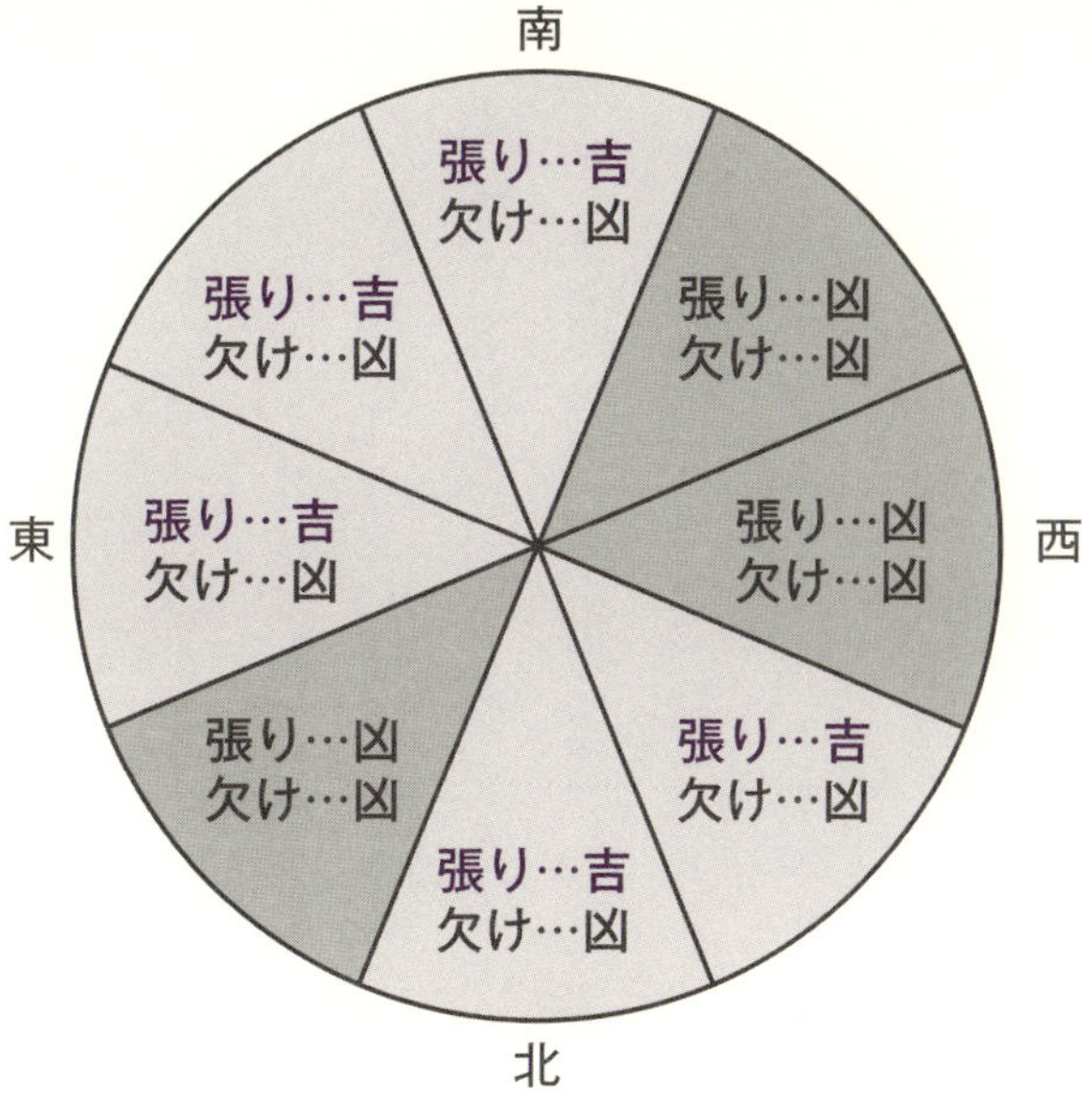

●東の欠け……凶
●東の張り……吉
●東南の欠け……凶
●東南の張り……吉
●南の欠け……凶
●南の張り……吉
●西南の張り・欠け……凶
●西の張り・欠け……凶
●西北の欠け……凶
●西北の張り……吉
●北の欠け……凶
●北の張り……吉
●東北の張り・欠け……凶

墓地の日当り

墓地を選ぶ第一条件は、なんといっても日当たりがよいことです。吉相の墓碑でも日当たりの悪い暗い場所にあったのでは、せっかくの吉相も意味をなしません。

また、墓地の入口の方位、つまり墓碑の向く方位が、日の当たる東か東南、あるいは南にあることも大切です。墓地の区画によっては、向きによって価格が違う場合もあります。必ず現地に出かけて、自分の目で確かめるようにしましょう。

お墓は日当たりや環境がよいと、雰囲気も明るくなります。家族も気持ちよくお墓参りすることができ、それが故人や祖霊への何よりの供養になるのです。

墓地の凶相地形

◆崖地・頂上

太陽の当たらない日陰の土地、崖の上や下にある土地、周囲よりも低い窪地などにある墓地は〝重陰の相〟、つまり陰の気が重なる大凶相です。こうした墓地にお墓を建てると家運の衰亡を招くことになりますから、絶対に避けてください。

また、いくら日の当たる墓地がよいとはいっても、山や丘の頂上などにお墓を建てるべきではありません。坂道や石段を上らなければ行けないような墓地では、お墓参りをするのが大変です。しかも、「陽も極まれば陰に変じる」といわれるように、必ず変事が多く起こることになります。

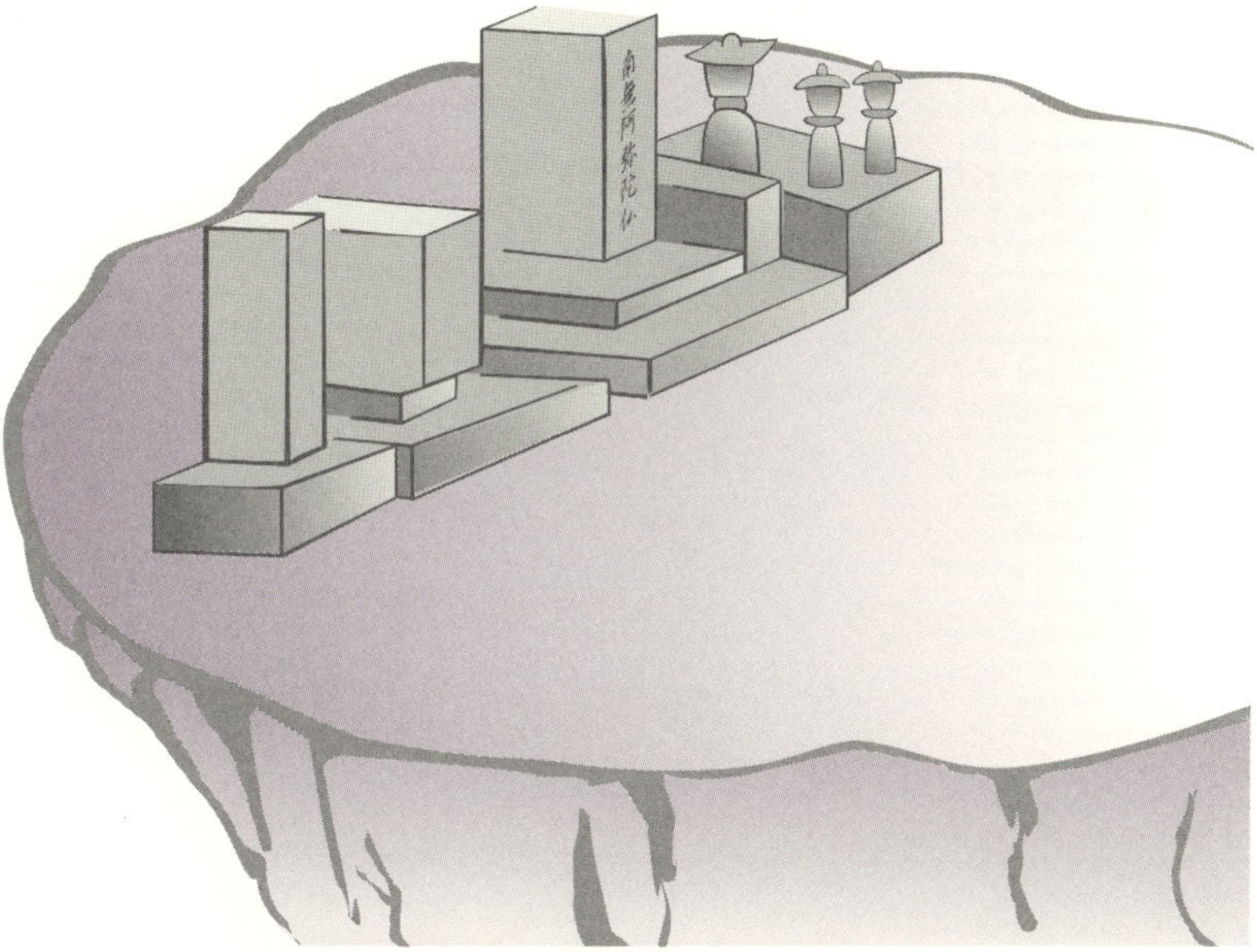

◆川・神社仏閣の正面

川、池や沼などのほとりに墓地があると、水気が多い土地のため、これも〝重陰の相〟となるのでよくありません。なるべく水気を避けて、水辺から遠い墓地を選んだほうが賢明です。どうしてもこのような場所に墓地がある場合は、必ず土台を高く築いてから建墓しなければなりません。

また、神社やお寺の正面にある墓地も避けましょう。家の中で神棚と仏壇が向かいあうのが、家相から見て凶相になるのと同様に、家族に病人がでたり家運が傾いてしまいます。これは、陰陽が調和せず、火と水とが衝突するような現象になって凶作用を及ぼすためです。

◆せまい墓地

墓地を選ぶに当たっては、その広さについても注意する必要があります。

墓地は、広すぎても手入れが行き届かなくなる場合が多く、問題があります。しかし、あまり狭すぎても凶相になってしまいますから、十分に考慮しなければなりません。墓相学では、遺骨を埋葬する墓地が小さく狭すぎると、その家の相続人が家を離れてしまうという暗示があるのです。

よく「仏壇の大小は、家の大小に比例する」といわれます。これは、狭い部屋に大きな仏壇を置くと、かえって不調和となるためです。墓地の場合も同様で、その家にあった広さの墓地であることが重要です。

◆墓地の周囲

墓地の周囲は、土台からやや高めにして境界石で区切り、隣地との境界をはっきりしておきましょう。ほとんどの場合、墓地は子孫が代々受け継ぐものですから、墓地の区切りを示すものが何もなく、境界が不明なのは、争いのもとになったり、障りの原因になる場合もあります。

ただし、周囲を高い石の柵や鉄柵で厳重に囲ったり、コンクリートで垣をつくった墓地をよく見かけますが、これは墓相から見て凶相になりますから避けてください。生垣をめぐらせるのはよいですが、生垣は生長しますから、墓碑より高くならないように注意して、刈り込みましょう。

墓地の吉相例

- 日当たりがよく、平坦な土地にある。
- 墓地の入口に当たる方位（墓碑の正面）が東・東南・南に向いている。
- 墓地の形が長方形で、張り・欠けがない。または墓地の中心から見て東・東南・南・西北・北の方位に張り出している。
- 墓石の後方がやや高くなっている。
- 墓地が宅地から三分の一キロメートル以内にある場合、宅地より真西・真北・西北の方位にある。
- 墓地の周囲が土台からやや高く、隣地との境界がはっきりしている。
- 広すぎず狭すぎず、適した広さである。
- 墓地・墓碑ともに、よく清掃されている。
- 環境がよく雰囲気が明るい。
- お墓参りに行きやすい場所にある。

墓地の種類

◆公営墓地

公営墓地とは、都道府県や市町村などの自治体が管理・運営している墓地をいいます。民営墓地にくらべて永代使用料や管理料が安く、墓地にとって最も重要な永続性も保証されています。また、宗旨・宗派を問わず、どの宗教でも利用できます。

ただし、申し込み者が多い場合は抽選が行なわれ、募集期間も限られていることから、希望するときにタイミングよく取得するのは一般的に難しいようです。

また、各自治体によってさまざまな条件がありますから、申し込み資格や募集方法など、事前に確認しましょう。

◆民営墓地

民営墓地とは、財団法人・社団法人などの公益法人や宗教法人が管理・運営している墓地をいいます。敷地が広く、明るい雰囲気で、駐車場や休憩所などの設備がととのった公園墓地が主流になっています。

常時募集していて、どの宗教でも利用できるところも多く、申し込み資格も特に制限はありません。さまざまな広さの区画が用意されているので、予算にあわせて選ぶことができます。

ただし、公営墓地にくらべて永代使用料や管理料が割高です。墓地によって価格や管理に大きな差がありますから、選ぶ際にはよく検討することが大切です。

◆寺院墓地

寺院などの宗教法人が管理・運営している民営墓地を寺院墓地といい、一般に境内にある墓地をさします。

ほとんどの寺院では、この寺院墓地を使用できるのは檀家に限られ、新たに寺院墓地を求めるには檀家になることが義務づけられています。ただし、なかには檀家にならなくてもよい墓地もあります。

公営墓地にくらべて割高で、檀家になった場合は、永代使用料と管理料のほかに、寺院を維持するためのお布施や寄付が必要です。しかし、寺院の管理ということで安心して利用でき、日頃から僧侶の回向《えこう》を受けられるなどの利点があります。

墓石の選定

和型墓石

和型墓石とは、三段式角石塔のことで、五輪塔や仏舎利塔《ぶっしゃりとう》を簡略化したものといわれています。最近は、洋型の墓石も見かけますが、やはり伝統的なこの和型墓石が最も多く、一般的な墓碑の形体です。

天、人、地にかたどった三段式角石塔には、それぞれの石に名称があり、上の段から順に「天柱石」（天石・寿石）、「人位石」（人石・禄石）、「地盤石」（地石・福石）といいます。

この墓碑をつくる場合には、最上部の天柱石、つまり棹石を基準にします。天柱石の幅や高さに比例して、人位石や地位石の寸法を決め、全体の調和を図ることが大切です。大きさは、図に示した寸法の範囲で、建立する人の希望にあわせて建てて構いません。また、天柱石の上部は平らなだけでなく、ゆるやかな山形の曲線を描いた半月型や、左右の辺の角が丸みのある丸角型など、いろいろな形に加工することもできます。ただし、天柱石は縦に長いため、傾いたり倒れたりしないよう安定性も考慮しましょう。墓碑は、墓地の広さにあった大きさや高さ、そしてつくりにすることも重要です。

石材は、色や材質が吉相のものを選びます。さらに、三段式角石塔の場合、天柱石、人位石、地盤石とも、必ず同じ種類の石を用いなければなりません。

吉相墓図解例

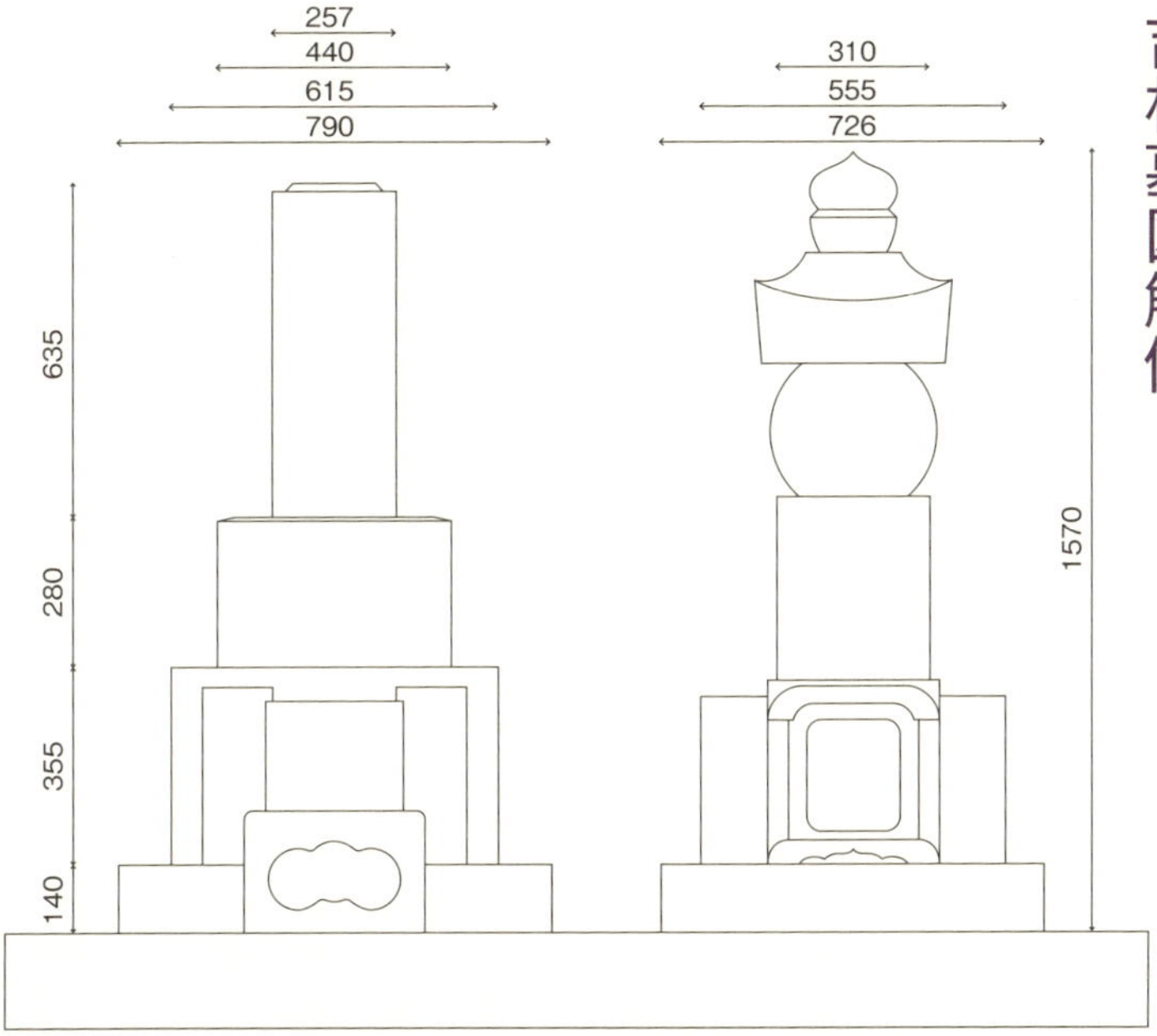

塔型墓石

現在、最も多く見られる墓形は角石塔、すなわち角石塔形墓標で、これは江戸時代の中期以後より広く用いられて現代に及んでいるものです。それ以前には五輪塔、宝篋印塔《ほうきょういんとう》などの塔型のものが主流でした。

五輪塔は仏塔として一番新しい形態のもので、密教で説く五大、つまり万物を生成する「空・風・火・水・地」を表した五つの形からなる塔です。下から順に、四角形の地輪、円形の水輪、三角形の火輪、半月形の風輪、宝珠形の空輪を積み上げています。平安時代の中期から供養塔として始まり、鎌倉時代以降に墓標として広く用いられました。現在でも、この五輪塔を単体で墓石にしているお墓もあります。これは、五輪塔は四方のどちらから見ても正面とされていることから、墓碑の向きが気になる場合に選ぶこともあるようです。

また、供養塔の五輪塔と角石塔の一基墓を組み合わせたお墓や、さらに地蔵尊像碑や観音像碑もあわせて建立されているお墓も見られます。五輪塔と角石塔を並べて一つの墓地に建てる場合は、五輪塔は墓地の正面から見て最も右側の位置に建立します。そして、どのような場合でも、角石塔よりもやや高く建立してください。五輪それぞれの輪に刻む文字は、宗派によって異なります。

宝篋印塔は、平安時代の後期に中国からもたらされた墓形の一つです。本来は「宝篋印陀羅尼経」を納め、仏教の真理を追究するところに建立の意味がありましたが、やがて個人の墓標とされるようになりました。江戸時代には、主として僧侶の墓として用いられているのが目立ちます。原型はインドに由来する塔で、上部に九つの輪が重なり、その上に四弁の花びらを付けた宝珠が乗っているのが特徴です。

ほかにもインド由来のお墓として最も古い形体の層塔、宝塔、無縫塔といわれる卵形墓標、多宝塔なども中国から日本に伝えられています。卵形墓標などは、よくお寺の墓地などで見られる珍しい形体の一つですが、主として禅僧の墓碑として用いられています。

また、舎利塔や塔墓は、インドで釈迦の遺骨を埋めて、その上に塔を建てたのが起こりであるとされています。

◆五輪塔

五輪塔は仏教によってもたらされた形態で、その姿に宇宙の根本真理を象徴しており、一般に先祖の供養塔に用いられます。五つの輪の一つひとつに文字を刻みますが、正面だけでなく四面に刻まれることもあります。

五輪塔

◆宝篋印塔《ほうきょういんとう》

宝篋印塔は、中国から仏教伝来とともに日本にもたらされた古い形体と考えられます。本来は「宝篋印陀羅尼経」の経文を納める塔でしたが、やがて墓標として用いられるようになりました。インドに由来する塔の形体が特徴的です。

◆多宝塔《たほうとう》

多宝塔は、インドより中国を経て日本に伝来した墓形の一つです。法華経の中に、名称の由来とされる釈迦と多宝如来の逸話がでてきますが、昔から墓塔としてよく用いられ、密教では宝篋印塔の代わりにこの塔を建立することがよくあります。

◆地蔵尊像碑《じぞうそんぞうひ》

平安時代から広く信仰されるようになった地蔵菩薩は、子供を守り、幼くして死んで賽の河原で苦しむ子供を救済すると信じられてきました。そのため小児や幼児など九歳までの子供のお墓には、「地蔵尊像」を彫り込んだ墓石が用いられます。

◆観音像碑《かんのんぞうひ》

十歳以上から成年前後、あるいは未婚の子供のお墓には、「観音像」を刻み込んだ墓がよいとされています。地蔵尊像や観音像を刻んだお墓は、いずれも良相で、その功徳は供養の目的を遂げるとともに、ふたたび早死者を出さない吉相現象をもたらします。

洋型墓石

最近見られるようになってきたのが、横に長い洋型墓石です。全国的には伝統的な和型墓石が主流ですが、首都圏の公営や民営の墓地で増えてきました。洋型墓石はデザインがシンプルで、和型墓石とくらべて高さも低いため、安定感があり、明るい雰囲気を感じることから、人気が高まっているようです。

墓碑に刻む文字も、従来のような「○○家之墓」といった家名ではなく、「愛」や「心」、「やすらぎ」など、故人の好きだった言葉や、家族の思いを込めた文字を刻んだものが多いのも特徴です。

こうした洋型墓石にも墓相があり、その吉凶がありますから、建墓に当たっては注意しなければなりません。洋型墓石が吉相である条件の一つは、まず石材です。和型墓石と同様に、黒い石材は用いないようにします。また、基本的な形体も、天、人、地と三段に重ねられた組み合わせであることが重要です。この天、人、地の調和があってこそ、大自然や宇宙の真理に結びつく墓相の吉相が実現するのです。

墓碑には、本来「○○家之墓」と家名を右から彫るのが基本でしたが、現在では左から彫ったり、縦書きに○○家と彫る傾向も多くなりました。どの彫り方でも文字は正面に刻み、施主名も裏面に必ず記します。また、墓碑を右から彫った場合は、必ず墓誌の上書きも右から「○○家之戒名誌」や「○○家之法号誌」としてください。

吉相墓図解例

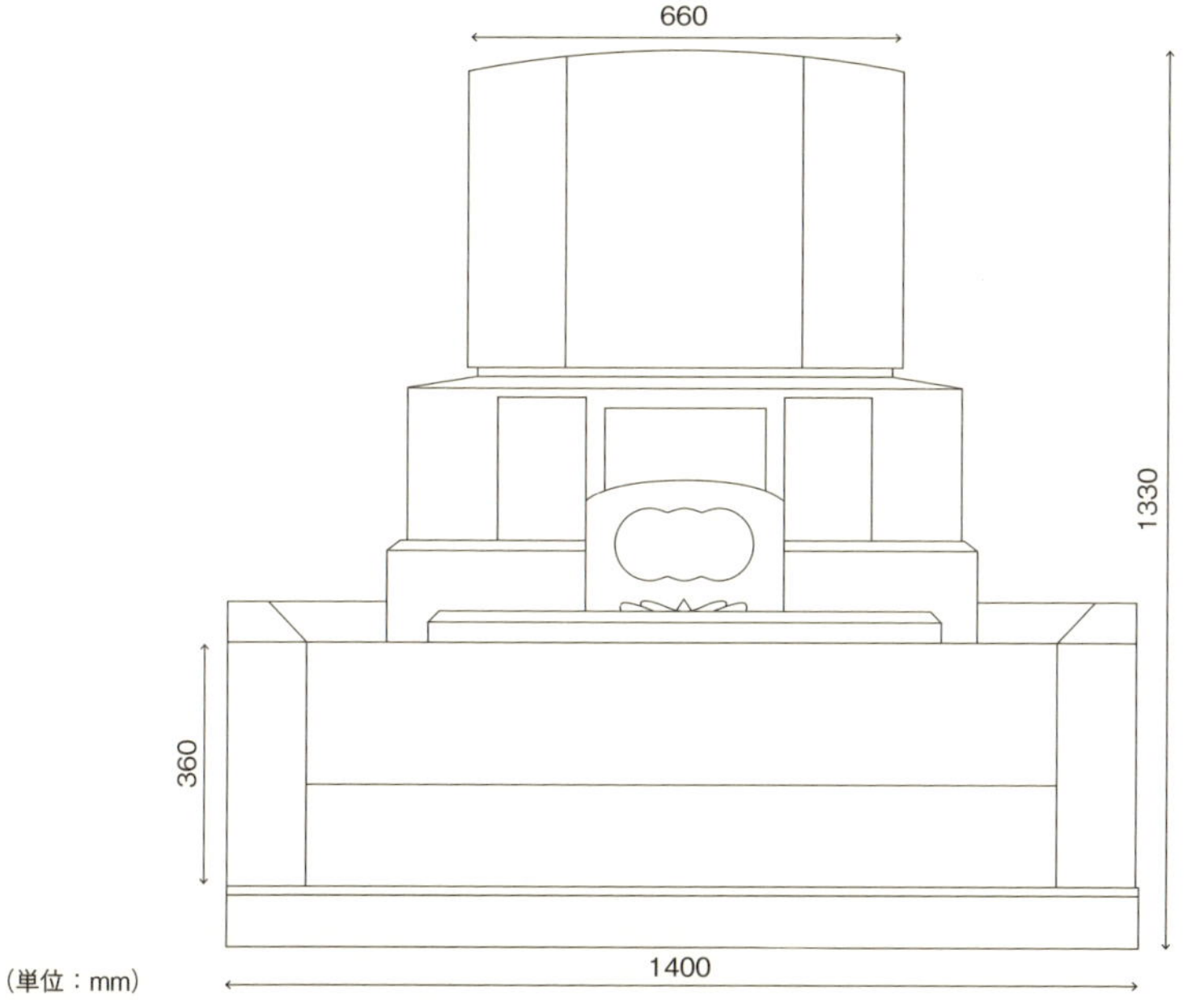

◆デザイン墓石

近年は、個性的なデザインで、モニュメントのような墓石も目につくようになりました。生前の仕事や趣味、愛用品をイメージして、墓石を本やピアノといった故人ゆかりの品の形にする場合が多いようです。また、墓碑の人位石や地位石に、故人にちなんだ絵を彫ったお墓もあります。

しかし、こうしたデザイン墓石は、墓相学では奇形の墓碑となり大凶相ですから、決して建てるべきではありません。この凶相現象は子孫が不良や犯罪者になったり、病弱、家運衰亡、絶家、色難、名誉失墜などの厄災を招くことになります。

◆コンクリートの墓石

セメントを用いたコンクリートの墓石は、最も大凶相です。破損しやすく凶災を招く原因になり、子孫断絶、家運衰亡、奇病などをもたらすので絶対に避けてください。

◆屋根のついた墓石

墓石を大切にするあまり、家のような構造で屋根をつけるのはよくありません。むしろ墓石は、自然の雨風にさらしてこそ墓本来の在り方があり、霊供養となります。

◆金具のついた墓石

破損しないよう墓碑の角に鉄板やブリキで枠をはめたり、金網で囲むのは霊に対して失礼であり凶相です。その凶相現象は凶災を招き、家運衰亡、廃家、断絶となります。

◆ひびの入った墓石

墓碑にひびが入っていたり、破損している墓は大凶相ですから、すぐに改善しなければなりません。生命の危険、刑罰問題、一生にかかわる大失態を招いてしまいます。

◆二段の墓石

下の土台の上に棹石が一つだけで、墓石が二段しかない墓碑は凶相です。大昔は、二段墓は多く罪人の墓として用いられていたものでした。このような二段墓では成功は望めず、財運にも恵まれず、つねに苦労や失敗をすることになり、子孫にも恵まれません。

◆一つの人位石の上に二つの棹石

一つの人位石または地盤石の上に二つの棹石（天柱石）を並べて建てることは大凶相です。その凶相現象は、癲癇《かんしゃく》、狂人のような頭部疾患の者がでる恐れがあります。

良い石材とは？

墓石の材質は第一に清浄なもので、白色系の石色のものが最良です。国産の石材では「御影石」「本小松石」「庵治石」「糠目石」「青木石」などが良い石材とされています。これらの石材を用いた墓石は、家内安全で和合し、さらに吉慶が重なってくる吉相といえるのです。

外国産の石材であってもできるだけ白色系、またはやや薄青色を帯びたもの、乳白色、黄白色石などを選びましょう。

最近、黒光りしている石碑が盛んに用いられていますが、このような石材は外見は美しく見えても、墓相学では凶相の墓碑となります。黒御影石や黒色系の石は離別、破財、犯罪者などをだす傾向がありますから、絶対に避けてください。

よく「黒い墓石は、なぜ悪いのでしょうか？」と質問されますが、これは長年にわたる経験にもとづくものであるとともに、陰陽学的にも霊魂が喜ばないという反応によるものです。陰陽学では、あの世（霊の世界）である幽界を陰の世界、この世（現界）である明界を陽の世界と見ます。陰陽の原理から、幽界の霊（陰性）を弔うのに黒色（陰性）の石材を用いて墓碑をつくることは、陰と陰が重なることになり、陰陽の調和を失い、凶作用を生じる結果となるのです。また、易学の哲理から考えても、やはり黒色系の石材は凶相といわざるを得ません。

避けるべき石材とは？

◆自然石

自然のままの石を墓石に使い文字を彫るということは、原始的形体の墓碑を建てたも同然といえるでしょう。太古の時代の原始人が死者の遺体を埋葬し、そこに目印として置いた石の塊と同様に見なされるのです。現代に生きた人の遺骨を安置し、その霊を供養するお墓が、このような原始的な墓碑でよいはずがありません。

こうした理由から、自然石の墓碑は大凶相となります。どんなに凶相現象が表れるのが遅くとも、三代目にはさまざまな凶影響がでてきます。相続人の変死、子孫断絶または廃家になる家運衰退、一家離散、事故頻発などを招いてしまいますから、絶対に自然石を用いてはいけません。

刻む文字について

三段式角石塔を家墓として建立する場合は、天柱石（棹石）の正面に「○○家之墓」や「○○家」と家名を刻みます。刻む家名が「○○家」だけでもそこに吉凶を意味づけすることはありません。また、将来の子孫に至るまで代々の遺骨を埋葬するための一基墓ですから、戒名（法名・法号）などは天柱石の左右両側面には刻まず、すべて墓誌に刻むようにします。そして、天柱石の裏面には必ず「建立」と書いて、その下に建立した年月日と施主の姓名を刻んでください。姓名は戸籍上の本名を刻み、改名した名前などを刻んではなりません。日にちは、一般的には「吉日」と記します。

ここで注意しなければならないのが、施主についてです。基本的に建墓においての施主は一人で、墓碑に刻む施主名も一人が基本です。たとえば父親が亡くなって新墓を建立する場合、母親が資金を出しても施主は長男（息子）とします。また、たとえ二人以上の兄弟姉妹や親族が共同で費用を出し合って建てた場合でも、墓碑に刻む施主の名前は、必ず一名の姓名に限ります。複数の施主の姓名を並べて刻み込むことは、墓相学から見て凶相となり、姓名を刻んだその施主たちに運命的な暗い陰が訪れてしまうことになるのです。

墓碑に刻む文字の書体は、とくに墓碑用として定められたものはありません。ですから、どのような書体の文字でもよいわけですが、最も明確で誰もが読みやすい書体である楷書《かい》体で刻んでもらったほうが一番よいでしょう。

ただし、三段式角石塔を供養塔として、天柱石にお題目を刻む場合、「南無阿弥陀仏」の六文字（浄土宗または浄土真宗）や「南無妙法蓮華経」のヒゲ文字（日蓮宗）は特別な文字ですから、なるべくお寺の住職にお願いして書いていただいたほうがよいでしょう。また、その際、文字の上部に家紋は刻まず、家紋は水鉢付き花立てに大きく刻みます。

五輪塔（供養塔）についても一基墓の場合とすべて同じで、天柱石に当たるところが四角形の地輪石です。この地輪石の表側の面に、「○○家先祖代々供養碑」と刻み、その裏面側に建立した年月日と施主の姓名を刻みます。地輪石には家紋を刻まず、水入れ付き花立てに刻むのが一般的です。

その他の注意点

墓誌について

墓誌は、宗派などによって戒名誌、法名誌、法号誌ともいわれます。

先祖代々の家族を合祀する家墓では、天柱石の余白となる面は、右側と左側の両側面だけです。そこに祖父母、父母から将来の子孫まで、何代にもわたる者の戒名（法名・法号）は、とても刻みきれるものではありません。

また、新しく戒名を刻み込むときは、そのつど墓碑からいったん霊を抜く脱霊修法を行なって天柱石を取りはずさなければなりませんし、刻み終わった後に、改めて開眼供養を執り行なう必要があります。これでは、尊い祖霊や天柱石に失礼になるとともに、家族にとっても大きな負担がかかります。そこで、このような行事を行なわず、自由に取りはずしができて戒名を刻める墓誌を建立するわけです。そして、そのお墓に埋葬されている人の戒名などを、すべて墓誌に刻みます。

刻み方は、向かって右側から縦に刻むのが原則です。その際、上位に戒名を彫り、下位に没年月日（死亡年月日）と俗名を彫ります。このようにして亡くなった年代順に、左側のほうへ配列します。墓誌の正面が刻みつくされたら、今度は裏面に同じ要領で刻んでいきます。ですから、墓誌の面は、最初に表面も裏面も磨いておいたほうがよいでしょう。

墓誌については、とくに石材の種類や色別による吉凶はありませんが、一般的には白色系の石材に戒名を刻み、文字の凹みに墨を入れて文字を明瞭にします。または黒色の磨石を用いると、戒名を刻んだ文字がそのまま白くはっきりと読み取れます。

形は、ほとんどが衝立型《ついたてがた》ですが、上部が櫛型などいろいろな形に加工されたものもあります。墓誌の全体の高さは、三尺前後（約九〇センチ）くらいが適当で、横幅は、高さの寸法より五寸（一五センチ）から七寸（二〇センチ）くらい短いほうが安定感があり、全体的に調和がとれます。石の厚さは、ひび割れが入らないように、三寸（九センチ）から三寸五分（一〇センチ）くらいが安全でしょう。

個人墓の場合でも墓誌を建てて、位階、勲等など個人の業績を記したり、故人に捧げる言葉などを刻むこともあります。

付属品について

◆境界石

境界石とは、自分の所有する墓地の領域を明確にする標石のことです。外柵を設ける場合は、高さは約一尺（三十センチ）くらいを最高とし、これ以上は陰気が増して凶相となるので、風が通るような設計が必要です。隣接の墓地に境界石があるからと、自分の墓地に境界石を設けないのは凶で、信用を失う運命を招きます。一定の出入り口がなく、境界石をまたいで入るような場合も凶相です。

また、敷地内に砂利を敷く場合は、小さな砂利を浅く土の上に敷くことが大切です。厚く敷くと、石で囲われたことと同じことになり、土に帰すことができなくなるからです。

◆塔婆立て

浄土真宗を除く仏教では法要の際、供養のためにお墓に卒塔婆を立てるしきたりがあります。卒塔婆は、塔の形をした細長い木の板に梵字や経文を記したものです。

この卒塔婆を立てる塔婆立てを、通常、墓石の背面に設置します。一本だけでなく、複数の塔婆を立てられるものがあります。

◆花立て

お墓に持参した供花を立てる花立ては、お墓の正面に設置し、通常、水鉢の左右に一対設けます。家紋を彫ることもあります。

掃除や水かえのしやすさを考えると、石に穴をあけたものより、花を立てる部分がステンレス製などで、取りはずしのできるタイプのものがよいでしょう。

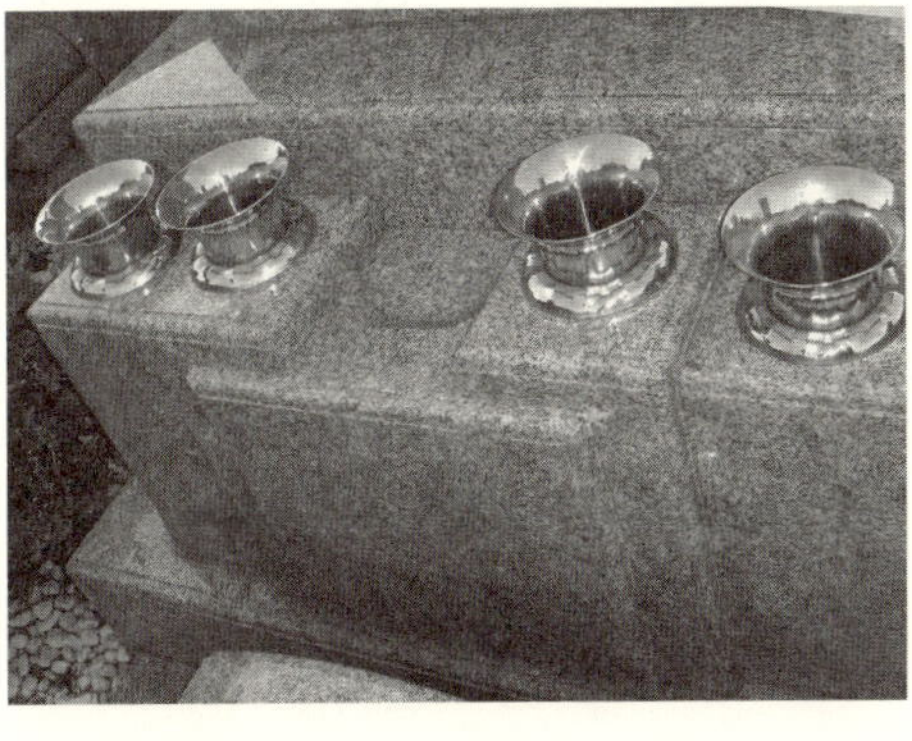

◆水鉢

水鉢は、一対の花立ての間に設置します。浅いくぼみだけなので、花立てと一体となった水鉢もあります。お墓参りの際に、新しいきれいな水を満たして、霊に供えます。

◆香炉

香炉は、墓石のいちばん手前に置きます。屋根つきのものなど、さまざまな形があり、線香を横に寝かせて供えます。一対の線香を立てる香立を設ける場合もあります。

◆灯籠

灯籠は、お墓の入り口または墓石の横に、左右一対で設置します。一基だけでも構いません。灯籠を建てることは、実際に火をともさなくても、よい供養になります。

◆植木

墓地の中に木を植え、その木が大木となることは凶相です。もちろん墓地内だけでなく、近辺に大きな木があるのもよくありません。墓地は日当りのよいことが最も大切ですから、大樹が枝を張って墓地に覆いかぶさったりしないよう注意してください。木が繁って陰になり、ただ墓地を暗くしているだけでも、家に不幸が生じます。脳や精神に悪影響を及ぼして神経衰弱者や脳病者がでたり、盲目や不眠症の人もでる凶作用が表れてしまうのです。

また、木の根が墓地に張り込んでくると、やがて墓石を動かし、土台を動かし、土台を狂わせることになってしまいますから、根が強い大木は絶対に避けなければなりません。

カロートについて

地下納骨室のことを、カロートといいます。一般に墓碑の真下にあるため外からは見えませんが、遺骨を納める所ですから、お墓にとっては大切な場所です。カロートは石材またはコンクリートでつくられていて、地下に埋め込むのが一般的ですが、地上型のものもあります。墓地が狭いお墓では、地上型がよく用いられているようです。

カロートの深さは、浅いもので二尺（約六〇センチ）くらいから、深いものは四尺（一二一センチ）くらいです。さらに深い納骨堂には、階段が取り付けられているものや棚が付けられているものもあります。

このカロートにおいて、墓相学で重要となるのが底のつくりです。通常つくられているコンクリート式のカロートは、鉄筋が入り、底もコンクリートや石で密閉されている場合がほとんどです。しかし、ここに遺骨を納めることは、墓相学から見て凶相となります。

本来、納骨された遺骨は土に帰すべきものです。それを、土の香りもしない密閉されたコンクリートの箱に入れたり、石室に密閉することは、常識的に考えてもよい方法とはいえません。

また、四方がコンクリートで囲まれていて、ふたと底もコンクリートで作られているのは大凶相の納骨堂式墓碑と同じになり、家運の衰亡、身内との離別や死別、病弱、困苦などを招いてしまうので特に注意が必要です。

カロートは図に示したように、必ず底の一

部を抜き、土のままにします。底部に流れ込んだ水の水はけをよくするため、穴の底部には、先に小ジャリ石を敷き、その上に砂を置くようにするとよいでしょう。

また、カロートの上は台石の芝石で、三列式になっています。この芝石の前のふみ石の部分（水鉢と花立ての前）がカロートの入り口の蓋になりますが、もし墓地が狭くて、図のようなふみ石の部分がない場合には、花立ての真下にある手前の芝石を一枚取り除いて、そこを入り口にすればよいでしょう。

墓地によっては指定したカロートしか使えないところやカロート自体が使えないところもありますので、選定の際には特に注意が必要です。

カロート（地下納骨室）

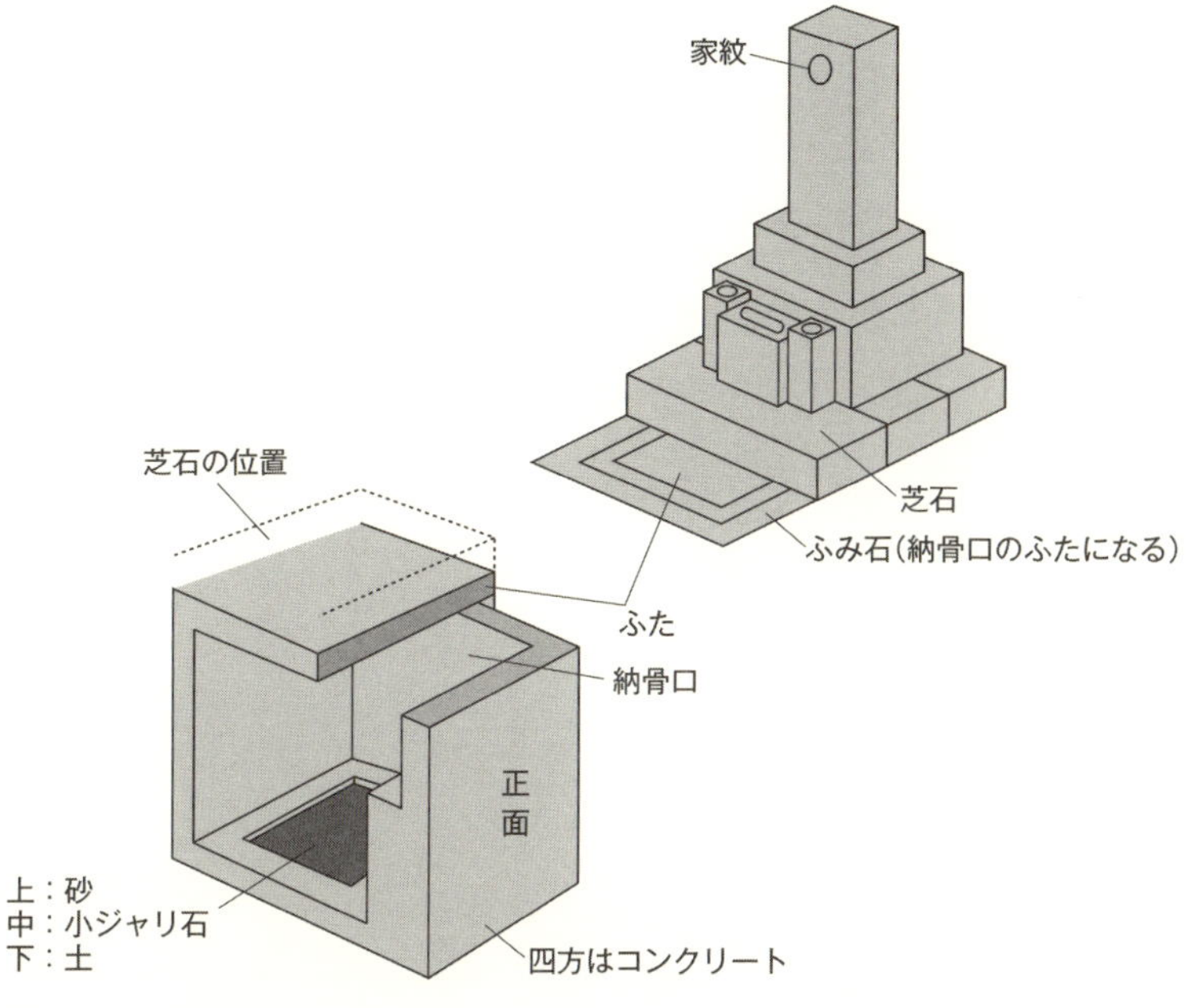

墓碑の向きと位置について

墓碑の向き方によっても、いろいろと吉凶現象が生じますから、注意して建墓しなければなりません。いくら吉相の墓碑であっても、日当たりの悪い方向に向いていては、吉相の意味がなくなってしまいます。したがって、墓碑は、正面が東か東南または南の方位に向くように建立しましょう。西北向きは凶、西南や北、東北に向いた墓碑は大凶となります。しかし、西向きは宗派によって西方浄土を意味し、吉の方位とされます。

墓地内の墓碑の位置も大切で、親のお墓より子孫のお墓を上位に建てたり、祖先の墓碑を墓地の片隅において、最近亡くなった人の墓碑を中央に建てたりしてはいけません。また、先祖や親の墓碑より子孫の墓碑を大きく建てることは祖霊に失礼になるため、必ず子孫に障害が生じ、凶現象が起こります。

三段式角石塔の一基墓とあわせて供養塔の五輪塔を建てる場合は、五輪塔のほうをやや高く、正面から見て最右端に建立します。

- 東向きの墓碑………吉
- 東南向きの墓碑….**大吉**
- 西向きの墓碑………**凶**（宗派によっては吉）
- 西北向きの墓碑….**凶**
- 南向きの墓碑………**大吉**
- 西南向きの墓碑….**大凶**
- 北向きの墓碑………**大凶**
- 東北向きの墓碑….**大凶**

墓碑の向き方の吉凶図

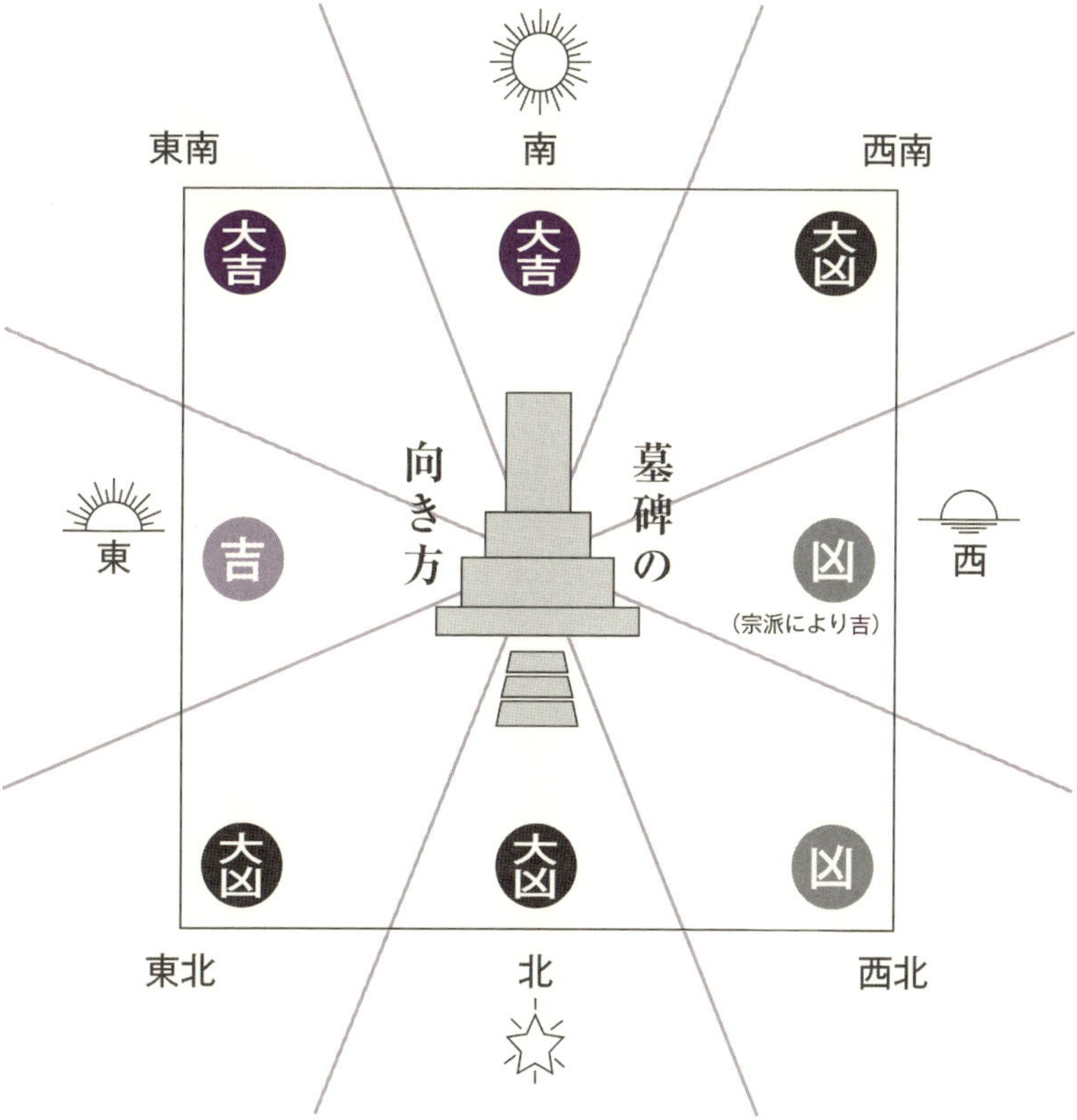

建墓の着手

建墓の日取り

お墓の建立や改修、移転などの場合は、その方位が、年や月の暗剣殺・五黄殺・歳破・月破などの方位に当たっていなければ、とくに心配する必要はありません。しかし、施主の年回りの吉運年、凶運年をよく調べてから着手することが大切です。

年回りの吉凶を見るには、まず施主の九星を確認します。九星とは、古代中国に伝わる洛書の図にある九つの星に、五行説による木・火・土・金・水の五気を組み合わせたもので、一白水星、二黒土星、三碧木星、四緑木星、五黄土星、六白金星、七赤金星、八白土星、九紫火星があります。九星は、それぞれの生まれた年によって決まり、自分の九星を本命星といいます。施主が何の九星に当たるかは、次ページの九星早見表を見てください。ただし、九星は旧暦に基づいているため、その年の一月一日から二月節分までに生まれた人は、前年生まれの人と同じ九星が本命星になります。

この本命星は生涯変わりませんが、本命星の位置は毎年移動します。建墓に当たっては、施主の本命星が、震宮《しんきゅう》・巽宮《そんきゅう》・乾宮《けんきゅう》・兌宮《だきゅう》・離宮《りきゅう》に入っている年は、よい年回りとなります。一方、本命星が坎宮《かんきゅう》・艮宮《ごんきゅう》・坤宮《こんきゅう》・中宮《ちゅうぐう》に入る年は、悪い年に当たります（104頁参照）。年回りがよくても友引の日や仏滅の日、三隣亡の日、五黄の日、また当日、墓地の方位が暗剣殺や五黄殺に当たる日は、できるだけ避けてください。

九星早見表

一白水星	二黒土星	三碧木星	四緑木星	五黄土星	六白金星	七赤金星	八白土星	九紫火星
大正7年生	大正6年生	大正5年生	大正4年生	大正3年生	大正2年生	大正元年生	明治44年生	明治43年生
昭和2年生	昭和元年生	大正14年生	大正13年生	大正12年生	大正11年生	大正10年生	大正9年生	大正8年生
昭和11年生	昭和10年生	昭和9年生	昭和8年生	昭和7年生	昭和6年生	昭和5年生	昭和4年生	昭和3年生
昭和20年生	昭和19年生	昭和18年生	昭和17年生	昭和16年生	昭和15年生	昭和14年生	昭和13年生	昭和12年生
昭和29年生	昭和28年生	昭和27年生	昭和26年生	昭和25年生	昭和24年生	昭和23年生	昭和22年生	昭和21年生
昭和38年生	昭和37年生	昭和36年生	昭和35年生	昭和34年生	昭和33年生	昭和32年生	昭和31年生	昭和30年生
昭和47年生	昭和46年生	昭和45年生	昭和44年生	昭和43年生	昭和42年生	昭和41年生	昭和40年生	昭和39年生
昭和56年生	昭和55年生	昭和54年生	昭和53年生	昭和52年生	昭和51年生	昭和50年生	昭和49年生	昭和48年生
平成2年生	平成元年生	昭和63年生	昭和62年生	昭和61年生	昭和60年生	昭和59年生	昭和58年生	昭和57年生
平成11年生	平成10年生	平成9年生	平成8年生	平成7年生	平成6年生	平成5年生	平成4年生	平成3年生
平成20年生	平成19年生	平成18年生	平成17年生	平成16年生	平成15年生	平成14年生	平成13年生	平成12年生
平成29年生	平成28年生	平成27年生	平成26年生	平成25年生	平成24年生	平成23年生	平成22年生	平成21年生

本命星の1年は立春から節分までです。1月1日より2月節分までに生まれた人はその前年生まれの人と同じ本命星となります。

◆暗剣殺

暗剣殺は、方位吉凶図において、その年、その月の五黄殺の真向いに当たる方位です。大凶方の一つで、五黄殺と並んで強烈な凶作用を及ぼします。

この大凶方を犯すと、あたかも暗夜の物かげから不意に刀剣で斬りつけられたかのように、思いがけない病難、盗難、家庭の紛糾、事業の失敗などの災禍が突然ふりかかってきます。したがって、この方位へ向かっての建墓や移転、造作、動土は避けなければならないとされています。また、暗剣殺の方位に施主の本命星が入っている年は、運勢全般にわたって大きなマイナスの作用を引き起こされますから、細心の注意と警戒が必要となります。

◆五黄殺

五黄土星が位置している方位を、その年の五黄殺といいます。この五黄土星が、八方位(八宮)の定位である中宮に位置するときは何事もありませんが、一度、中宮から外にでると、その方位はたちまち誰にでも共通する大凶方になります。

したがって、この凶方へ向かって何か事をすることは、すべて凶とされています。ことに土を動かすことは何らかの形で大凶を招くとされますから、お墓を建てることは絶対に避けてください。凶意が大きい場合は一家の主人に災いが起こり、軽くても家族に凶作用が及びます。ただし、五黄土星が本命星の人が、いつも五黄殺という凶運を持っているわけではありません。

◆歳破

歳破というのは、その年の十二支の真向いにある十二支の方位です。

これも読んで字のごとく、物事がすべて破れ、思惑通りに運ばないという大凶方です。それまで順調に進んでいたことが、成就寸前になって破綻したり不成立に終わってしまう現象が起こります。

ですから、この方位に向かっての普請、造作、動土、移転などは避けるべきこととされています。もちろん建墓にもよくありません。歳破が位置する方位は、子年は午方、丑年は未方、寅年は申方、卯年は酉方、辰年は戌方、巳年は亥方、午年は子方、未年は丑方、申年は寅方、酉年は卯方、戌年は辰方、亥年は巳方となっています。

◆月破

年ごとの十二支のように、かつては一年十二か月の月ごとの十二支も、生活の中で一般的に用いられていました。月破は、その月の十二支が示す方位の真向かいにある十二支の方位をさします。

その月の期間中のみに作用を及ぼす凶方で、この凶方を犯すと、歳破とまったく同じ災害を被るとされています。したがって、月破に当たる方位に向かっては、建墓も避けたほうが賢明でしょう。

月破の位置する方位は、一月は未方、二月は申方、三月は酉方、四月は戌方、五月は亥方、六月は子方、七月は丑方、八月は寅方、九月は卯方、十月は辰方、十一月は巳方、十二月は午方となります。

〈九星の動き〉

星は左の図の1から9の順に動き、また1に戻ります。つまり、自分の星、家族の星がどの位置にいるかどうかで、その年の「運勢」、来年、再来年の「運勢」までもがわかるのです。

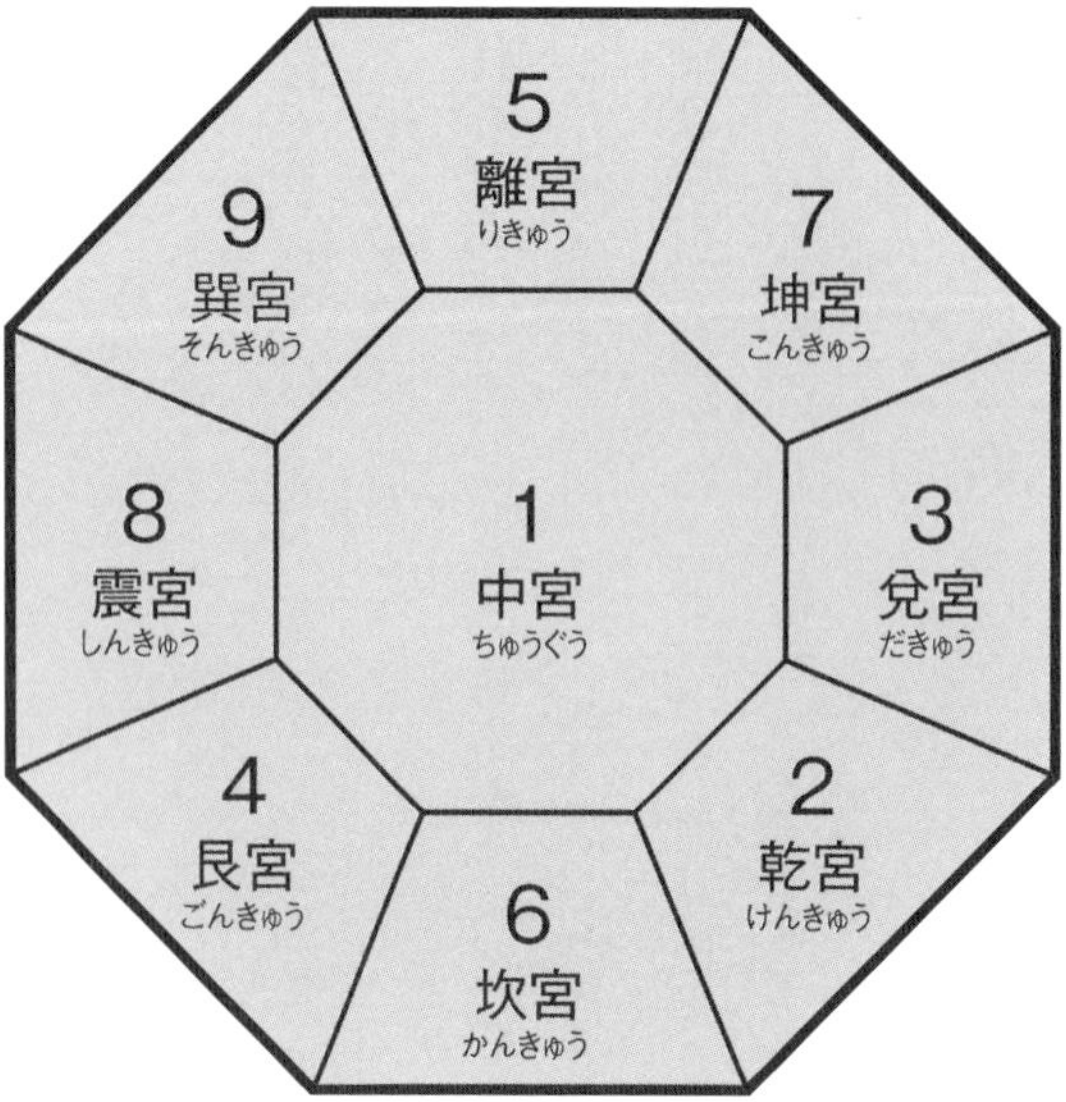

〈方位吉凶図〉

例として、左の方位吉凶図の年は五黄殺が西南で暗剣殺は東北となり、特に二黒土星の方はお墓を建てない方が良い年となります。
※詳しくは神宮館の暦をご参照ください。

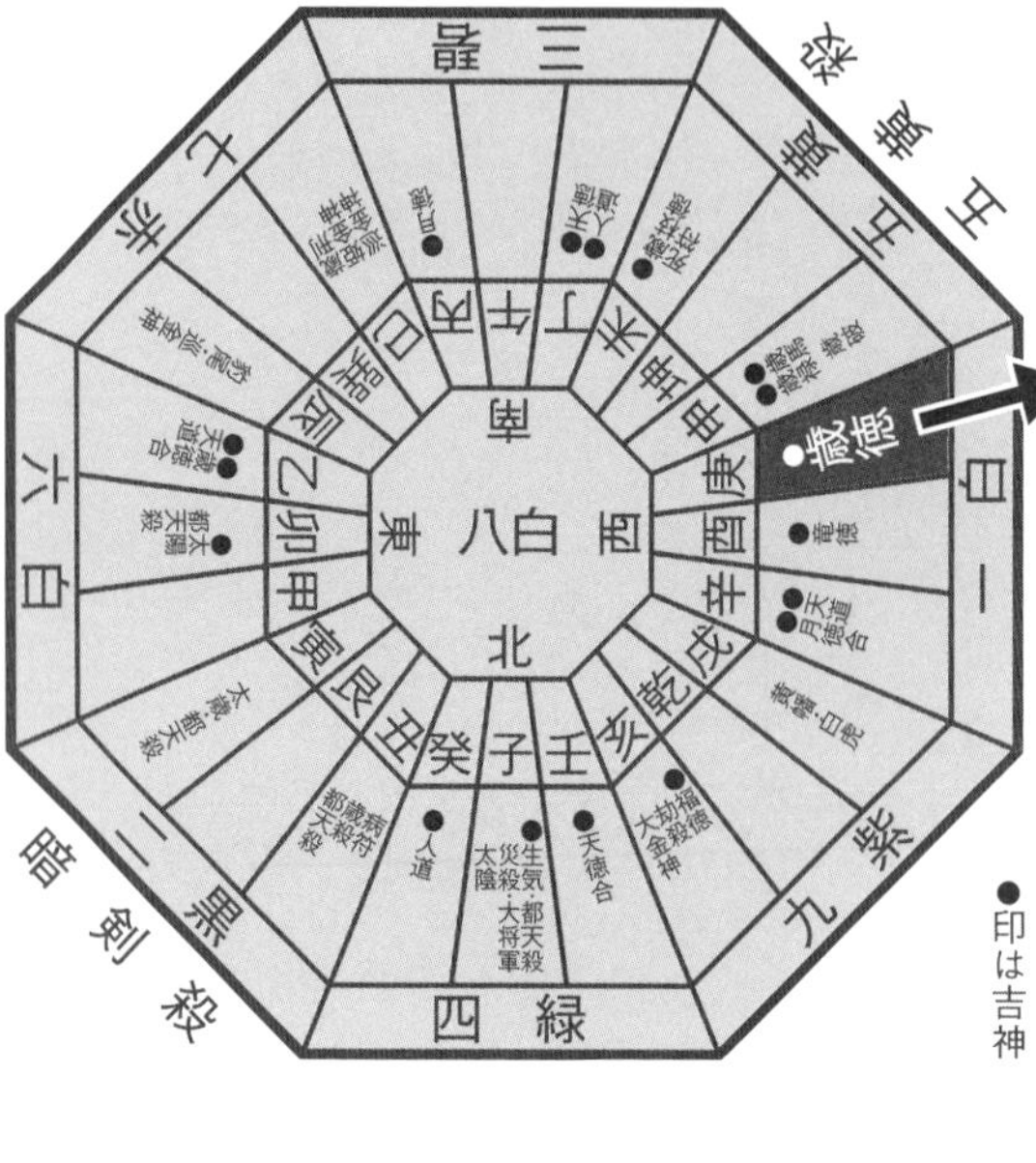

●印は吉神

完成後の法要

御霊入れ

　新しいお墓が完成したら、僧侶に読経をお願いして、墓碑に魂を入れる開眼供養を執り行います。御霊《みたま》入れ、入魂式ともいわれ、この御霊入れによって、単なる石であった墓碑は初めて霊宅となります。

　普通は、新しい仏のためにお墓を建てることが多いため、御霊入れは四十九日や百か日、一周忌などの法要のときに、納骨式とあわせて行うのが一般的です。

　当日は、墓地や墓石を掃除して清め、天柱石に白布を巻きます。墓前に祭壇を設けて、燭台、花立てを置き、供花や供物を供えます。

　そして、僧侶が読経している最中に、施主がその白布を引いて除き、つづいて参列者が順に焼香します。

◆謝礼について

開眼供養を執り行う際、読経の謝礼として寺院、僧侶への御布施を用意します。御布施の金額にとくに決まりはありませんが、一般には三万円から五万円くらいが多いようです。

御布施は奉書紙に包むか、または白封筒に入れ、表書きは「御布施」または「入魂御礼」「御礼」として、その下に施主の名前を書きます。そして、開眼供養の当日、施主が僧侶にあいさつをする際にお渡しします。

寺院の境内以外の場所にお墓があり、そこまで僧侶に出向いてもらうときは、御布施のほかに「御車代」を包みます。僧侶が自分の車で来た場合も同様にお渡しします。

また、開眼供養後の会食に僧侶も招きますが、出席しない場合は、それに見合う金額を「御膳料」または「御斎料」「御酒肴料」として包みます。「御車代」「御膳料」とも奉書紙か白封筒を用い、金額は一万円が目安といわれています。

納骨式

お墓に遺骨を納める際は、納骨式を執り行います。納骨式の時期には、とくに決まりはありませんが、すでにお墓がある場合は、四十九日の法要のときに納骨式を行うことが多いようです。

新しい仏のためにお墓を建てる場合は、一周忌を目安に建墓して納骨するのが一般的です。遅くとも三回忌までにはお墓を建て、納骨したほうがよいでしょう。その際は、一周忌や三回忌の追善法要とお墓の開眼供養、納骨式を一緒に行います。

お墓が完成するまでの間は、遺骨を自宅に安置しておいてもかまいません。一時的に、寺院や墓地の納骨堂に預ける場合もあります。墓碑ができていない場合でも、カロートが完成していれば、墓碑のかわりに白木の墓標を立てておき、納骨式を行うこともできます。

一般的に当日は、寺院の本堂で一周忌などの法要を行った後、お墓に移り、開眼供養につづいて納骨式を営みます。納骨式では、施主または遺族の代表が遺骨をカロートに納めます。墓前に祭壇を設け、僧侶が読経、遺族や近親者が焼香して供養します。

納骨式の場合も、寺院、僧侶に御布施をお渡しします。一周忌などに開眼供養と納骨式を行うときは、開眼供養と納骨式の御布施も一周忌などの追善法要の金額に上乗せします。また、通常、石材店や墓地の管理者にも御礼を包みます。その際、表書きは「志」とします。

◆納骨式の手続きについて

遺体を火葬し、その焼骨をお墓に納骨するには、つぎのような手続きが必要です。

亡くなった後、市区町村の役所に死亡届を提出し、火葬許可証の申請を行って火葬許可証の交付を受けます。ただし、死亡してから二四時間以上過ぎないと、火葬することはできません。火葬の際、この火葬許可証を火葬場に提出すると、火葬が終わった後、記入押印して返されます。これが埋葬許可証になります。

納骨式の当日に、遺骨、遺影、位牌などとともに、この埋葬許可証と墓地の使用許可証、印鑑を持参します。墓地の管理者に埋葬許可証を提出し、墓地の使用許可証を提示します。


納骨するお墓がなく、新たに建てるときは、通常、一周忌を目安に建墓します。こうした場合、火葬してから納骨するまで一年近くかかることになりますから、その間に埋葬許可証を紛失しないよう、きちんと管理しておきましょう。一般に、埋葬許可証は、火葬場で骨壺を納めた白木の骨箱に入れてくれます。

納骨式を営む日時は、菩提寺の僧侶と相談して決めます。その後、故人の近親者や親しい友人など、参列者に案内状を送り、出欠の返事をもらいます。また、納骨の際には、カロートのふたを動かしたりするため、墓地の管理者や石材店にも事前に連絡し、打ち合わせしておきます。

分骨するには

遺骨は一つのお墓に納めるのが一般的です。しかし、「菩提寺が遠いので、近くにお墓を建てて納骨したい」「嫁いだ娘が亡くなったので、実家のお墓にも納骨したい」などの理由から、遺骨を分けて、二か所以上の場所に納める場合があります。また、散骨するために遺骨の一部を分けることもあります。これを分骨といいます。

新しい仏で、分骨を希望するときは、火葬する前に申し出ます。葬儀社に前もって分骨したいことを伝え、分骨用の小さい骨壺と錦袋を用意してもらいましょう。

火葬場では、骨上げのときに、係員が分骨する遺骨をその骨壺に分けてくれます。ただし、遺骨の埋葬に必要な埋葬許可証は、一通しか交付されません。そのため埋葬許可証とは別に分骨証明の書類が発行されます。分骨するお墓に納骨する際は、埋葬許可証のかわりに、この分骨証明を墓地の管理者に提出します。

また、納骨をすませた後、何年かたってから埋葬してある遺骨を分骨するケースもあります。この場合は、まず、その遺骨が埋葬されている墓地の使用権所有者、つまり遺骨の所有者であるお墓の承継者に、分骨してほしい旨を申し出ます。

そして、承継者の承諾が得られたら、遺骨が埋葬されている墓地の管理者から分骨証明書を発行してもらいます。分骨先のお墓に納骨するとき、この分骨証明書を墓地の管理者に提出します。

納骨堂について

遺骨を土に埋葬せず、屋内に収蔵する施設が納骨堂です。墓地と同様に、公営や民営、寺院などの運営で、お墓を建てるまでの間、一時的に遺骨を保管する場合と、永久的に保管しておく場合があります。

納骨堂にはロッカー式、棚式、仏壇式、お墓式などの形態があります。ほかの遺骨とともに収蔵されますが、墓石を建てる必要がないため、都市圏では使用する人が増えてきているようです。

しかし、遺骨は土に返すものです。ですから、納骨堂を永久的に使用して、建墓を怠るようなことは絶対にすべきではありません。家運の衰亡、離別、死別、病弱、貧乏などの凶運を招いてしまいます。

永代供養墓について

お墓の承継者にかわり、墓地の管理者が永代にわたって遺骨を管理、供養するのが永代供養墓です。一般の墓地と同様に、公営、民営、寺院運営があります。

通常、墓地を契約する際は承継者が必要ですが、永代供養墓は、承継者がいない場合でも生前に契約できるのが大きな特徴です。埋葬の仕方は、永代供養墓によって異なり、通常のお墓と同じように墓石を建ててカロートに納骨するタイプ、それぞれに小さな石碑などを建てて納骨し、それを集合させて一つのお墓としたタイプ、血縁関係のない人たちが一緒に埋葬される合祀墓のタイプなどがあります。宗旨・宗派を問わないところが多いようですが、供養や安置の期間はさまざまです。

最近は、子供がいない夫婦や、子供はいても結婚して親とは別の姓になっているなど、お墓を承継する人がいない家も少なくありません。また、遠くに離れて暮らしている子供に、お墓参りの負担をかけたくないという人や、家族と同じお墓に入りたくないと考える人もいます。永代供養墓は、近年、そうした人たちが入るお墓として建てられるようになりました。

しかし、自分が永代供養墓に入ることを決めた場合は、先祖代々の墓のことも考えなければなりません。そのままにしておいては無縁墓になり、さまざまな凶運を招くことになってしまいます。

散骨について

遺骨を墓地に埋葬しないで、海や山などにまく葬送方法を散骨といいます。一般には、故人の遺体を火葬した後の焼骨を粉末状にした遺灰をまくもので、自然葬として広がりつつあります。

散骨する場合は、遺灰をすべてまき、遺骨をお墓に埋葬しない、あるいはお墓を建てないケースや、遺骨の一部を分骨して、その遺灰をまくケースなどがあります。

遺骨を勝手に埋めることは違法ですが、「墓地、埋葬等に関する法律」には散骨についての規定はなく、節度をもって行えば問題はないとされています。基本的には、散骨を行うにあたって、とくに必要な手続きもありません。ただし、自治体によっては散骨を禁止しているところもありますから、事前に確認が必要です。

また、散骨は違法ではないとはいえ、自分や家族が散骨する場所をさがしたり、実際に散骨することは、かなり難しいでしょう。このため、散骨を希望する場合は、生前から、散骨を手がける業者と契約したり、自然葬の委託を受けつける団体などに加入しておくことが多いようです。

埋葬してある遺骨を散骨する場合は、墓地の管理者に了解を得て、遺骨を取りだしてもらいます。すべての遺骨を散骨し、お墓が必要でなくなるときは、脱霊修法を行なってから墓碑を撤去し、墓地を更地に戻してから返さなければなりません。

第四章

お墓の吉相例集

吉相墓完成図（一）

解説

植木を植える際はこのように小さく植えると良いでしょう。墓誌に何も刻まれておりませんが、完成直前の写真です。

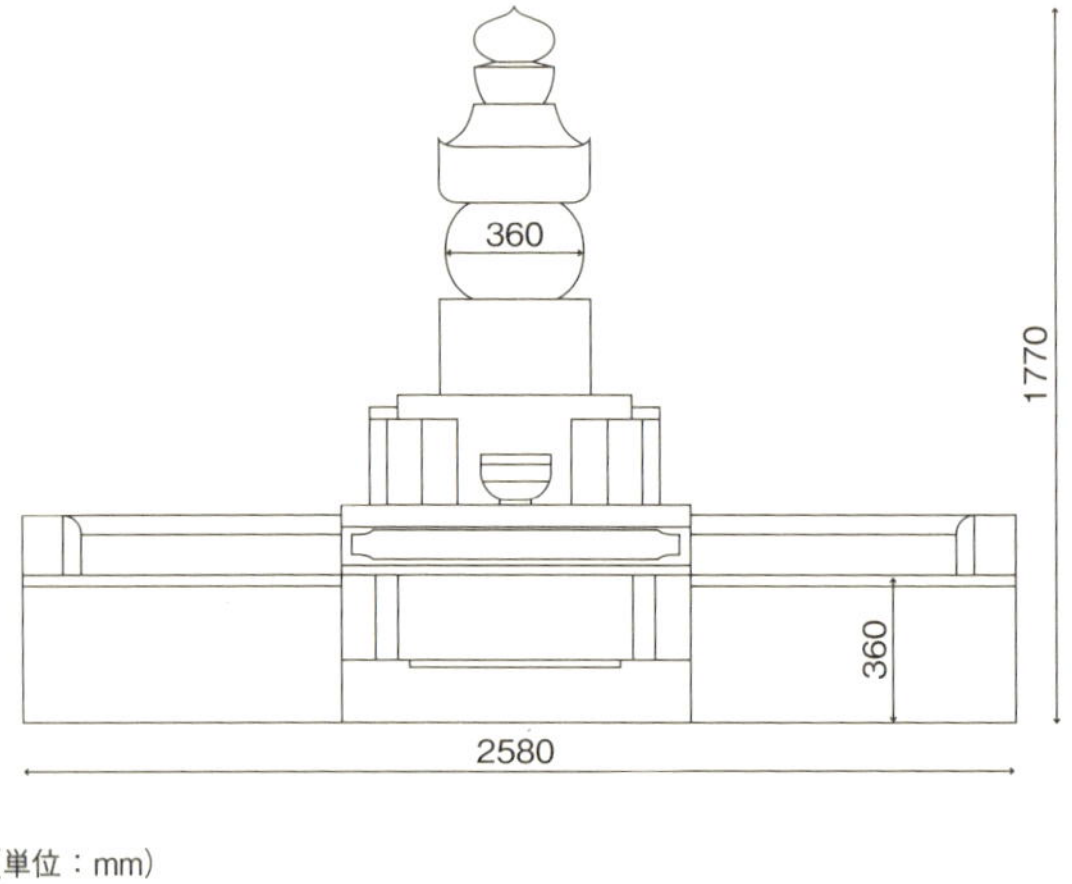

（単位：mm）

吉相墓完成図（二）

解説

家紋が人位石にありますがこれで問題ありません。また、墓誌は分かりにくいですが、向かって左にはめ込まれてあります。

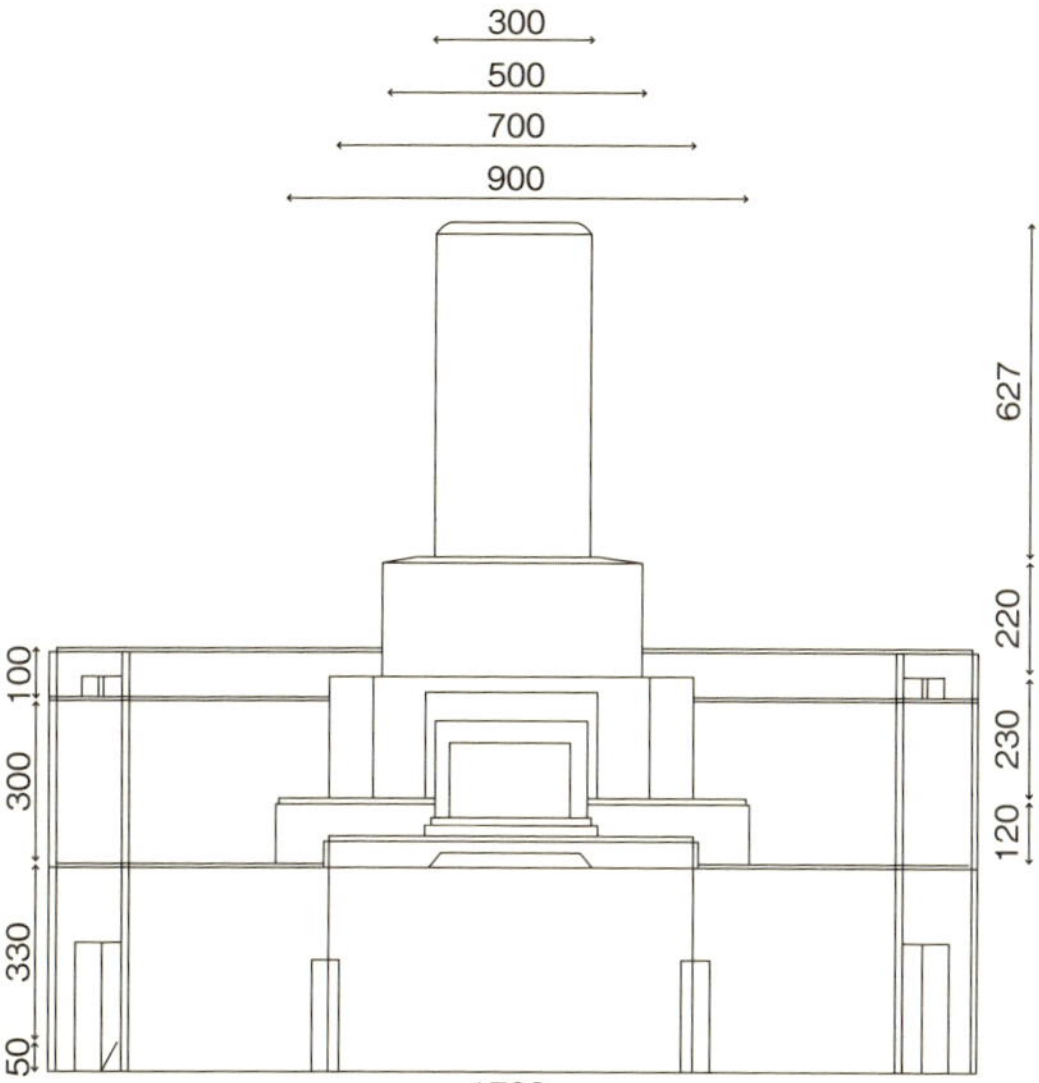

（単位：mm）

吉相墓完成図（三）

解説

天柱石が大きくなく安定しています。また、土台に土を残し、草が植えてあるところも吉相と言えます。

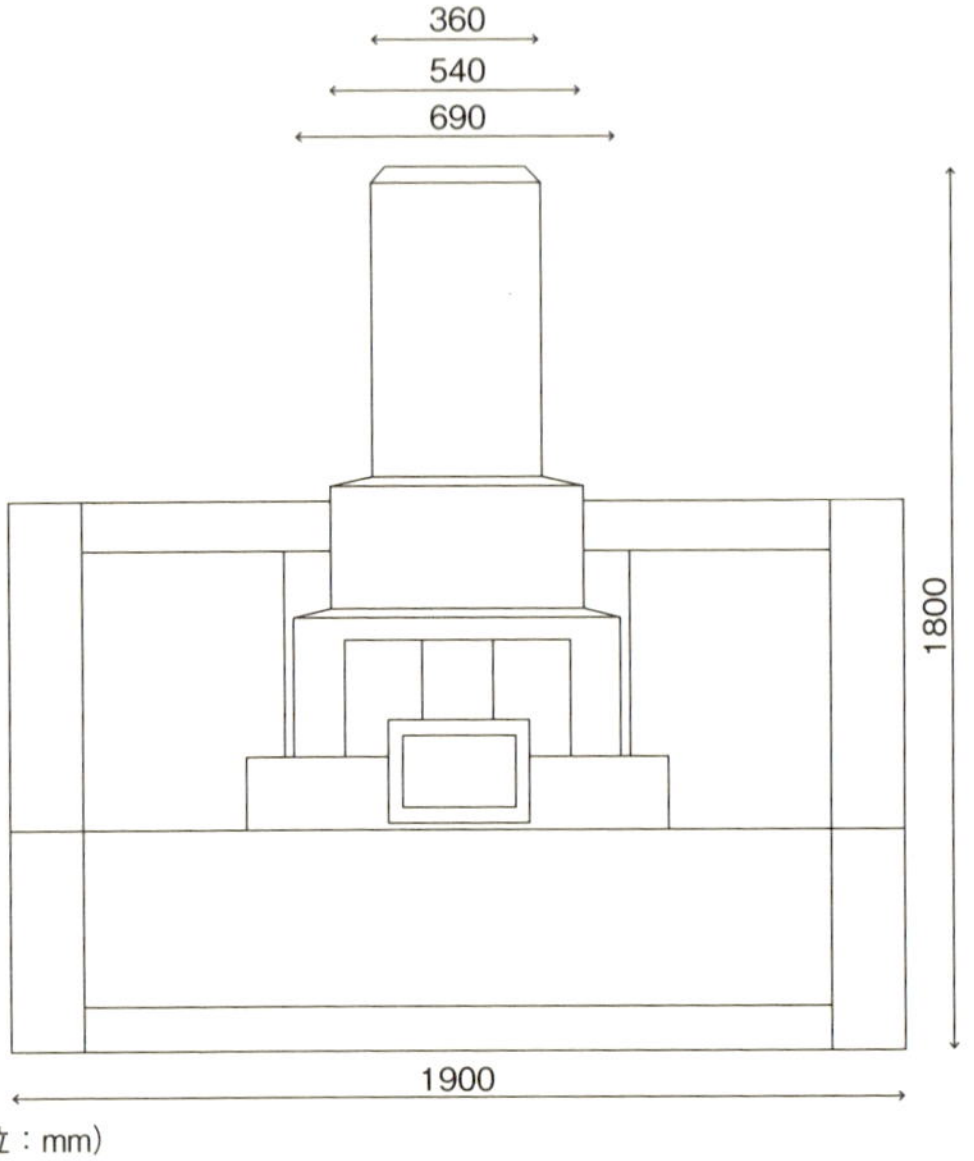

（単位：mm）

吉相墓完成図（四）

解説

両脇の建墓前の土台を見て分かるように、このお墓の土台は、コンクリートが丸く空いてその上にカロートが作られています。

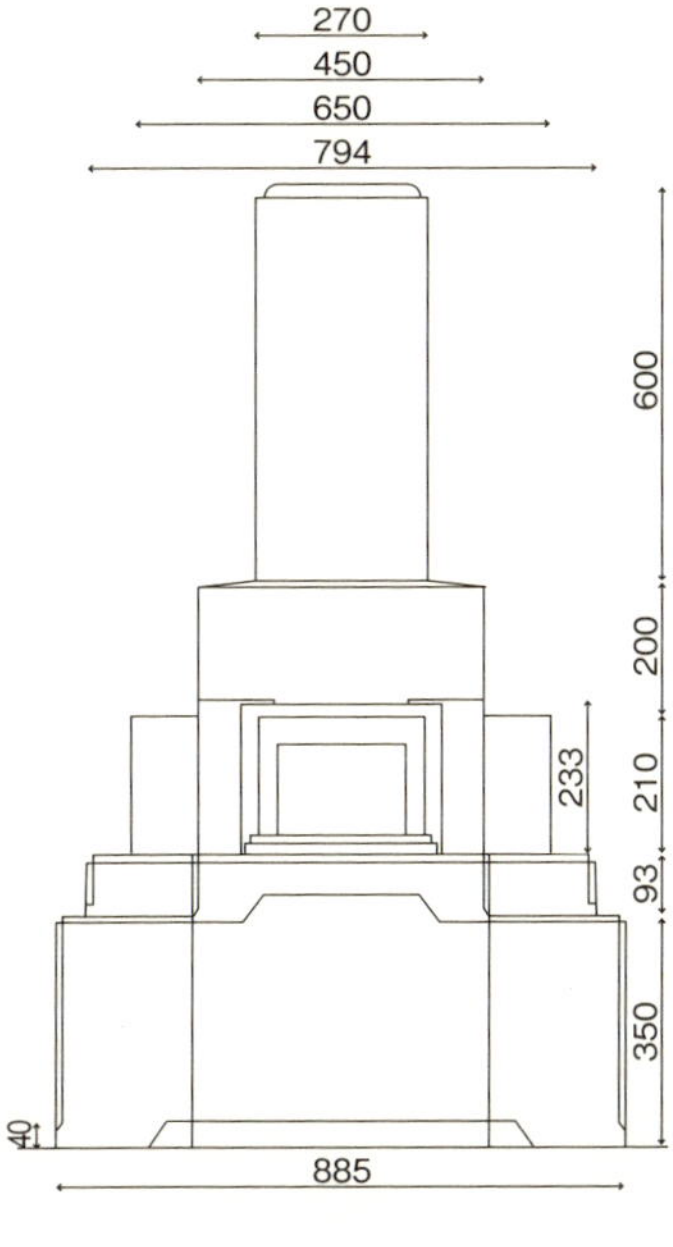

（単位：mm）

吉相墓完成図（五）

解説

五輪塔には、「空・風・火・水・地」と刻んであります。和型墓石も正しい形で建てられており、土台にも土が残されております。

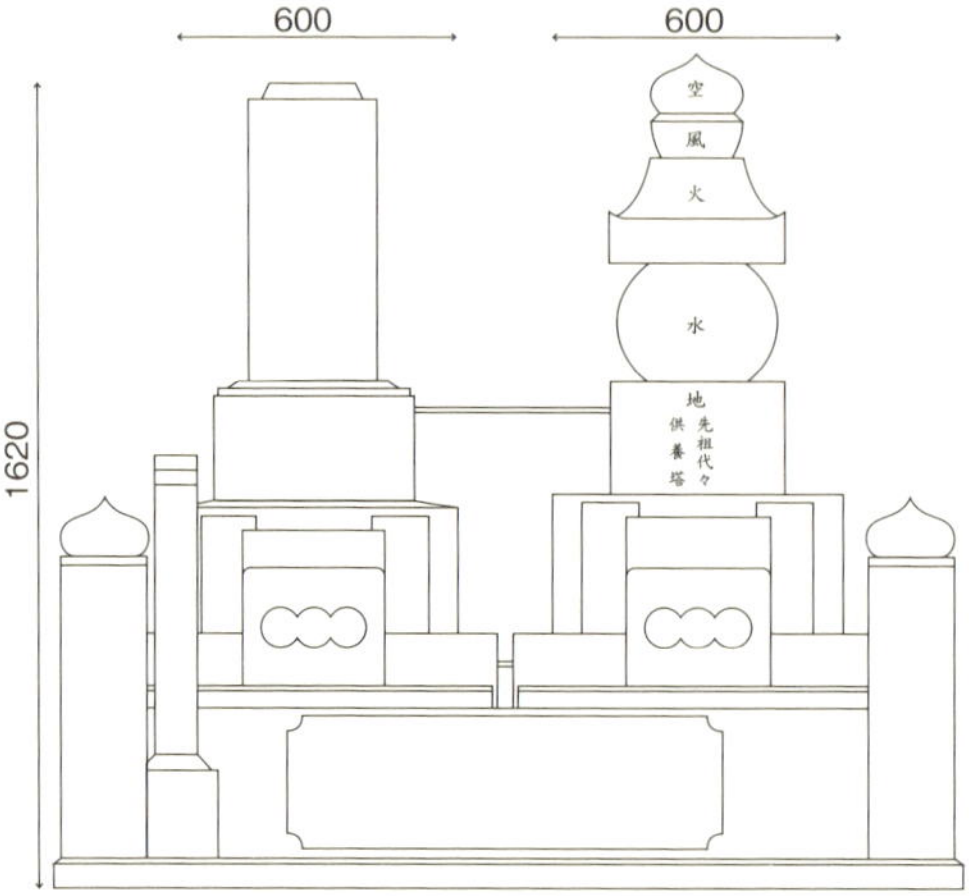

（単位：mm）

吉相墓完成図（六）

解説

墓誌が手前に埋め込まれる形になっていますが、十分な場所がない場合にはこれでも問題ありません。（地上カロート型）

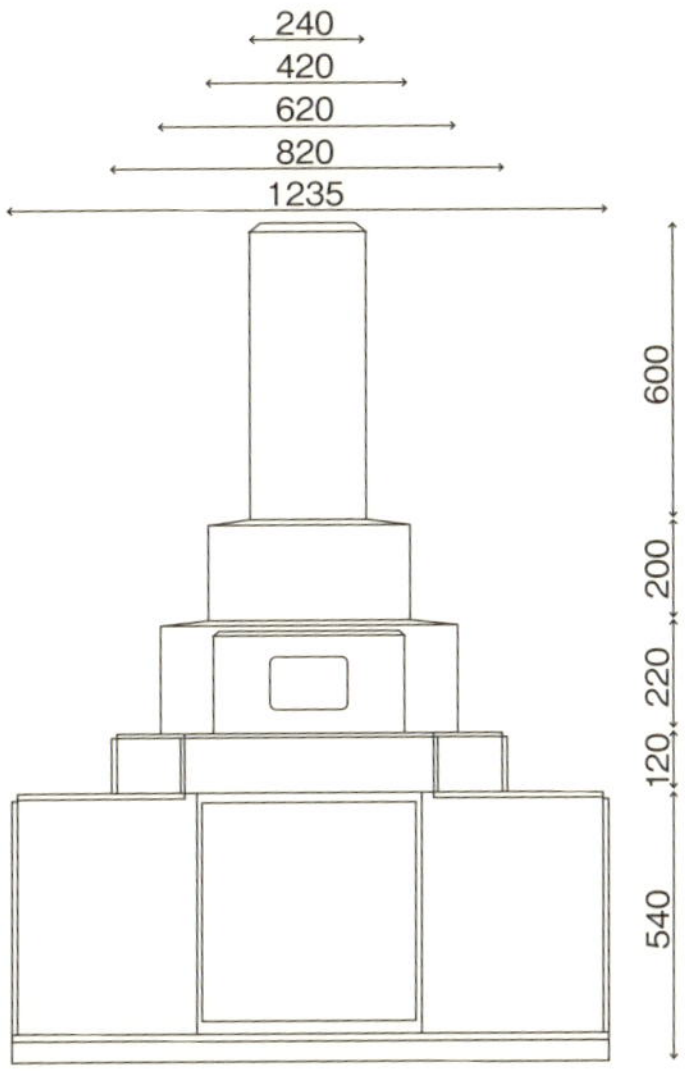

（単位：mm）

吉相墓完成図（七）

解説

土台は、小石を浅く敷き詰めてあり、境界の石は高めに作られていますが、隙間が開いた柵の状態なので問題ありません。

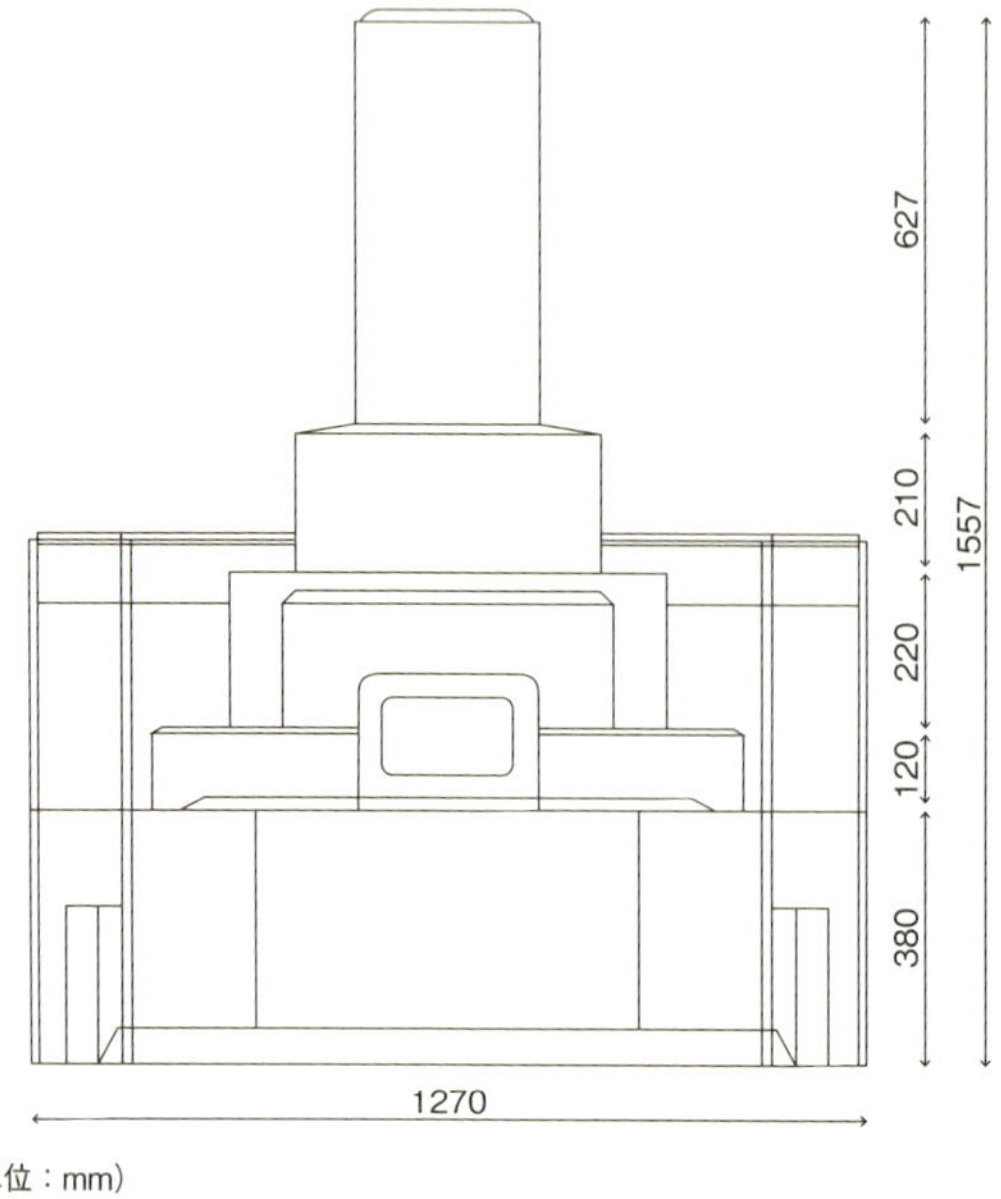

（単位：mm）

吉相墓完成図（八）

解説

この五輪塔にも「空・風・火・水・地」と刻んであり、家紋の位置も問題ありません。墓誌は右の境界石の上に設置してあります。

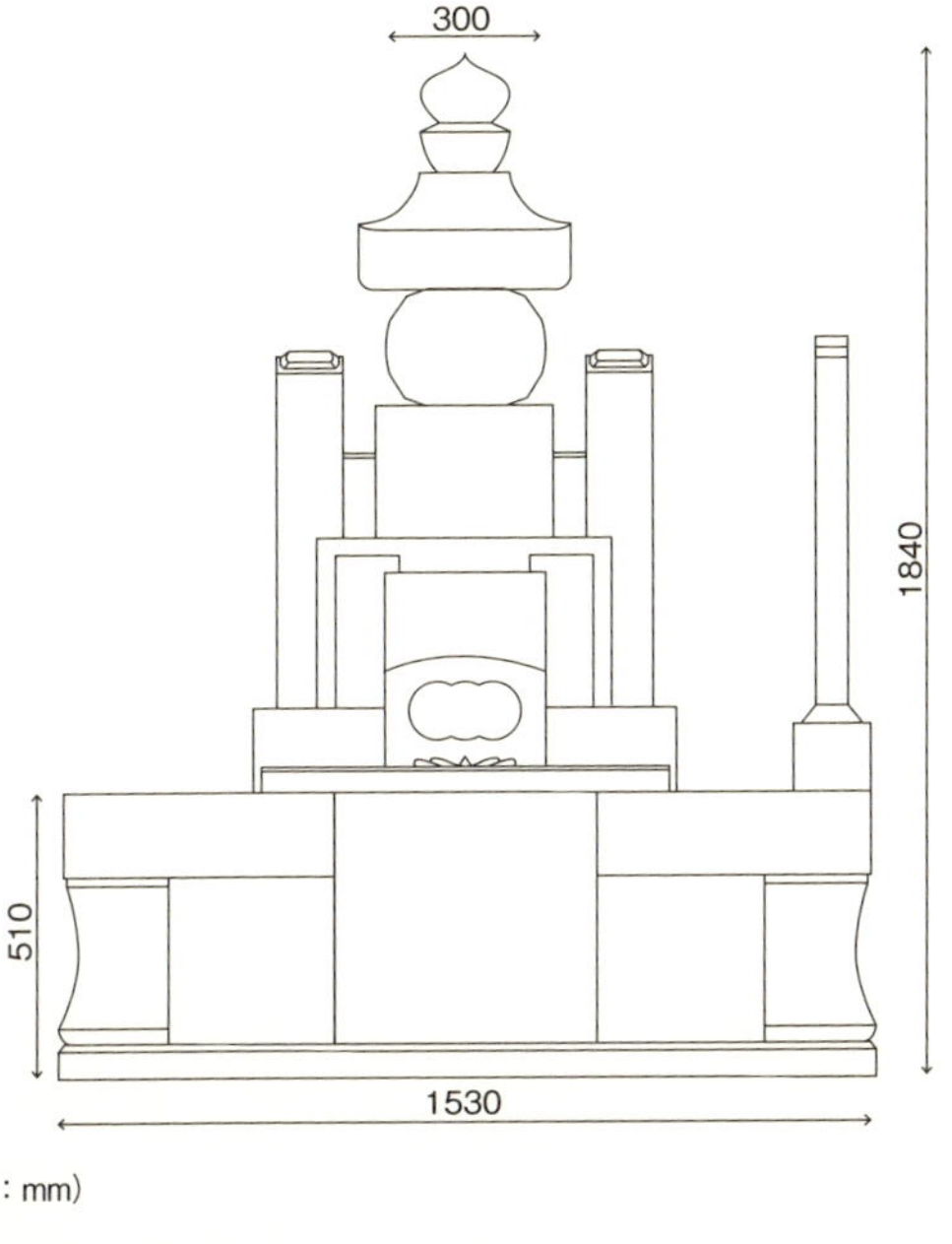

（単位：mm）

吉相墓完成図（九）

解説

五輪塔を建て、古い墓碑も敷地内の左右に置けるよう工夫されていますし、保存方法も問題ありません。（旧墓に花立・香台はいりません）

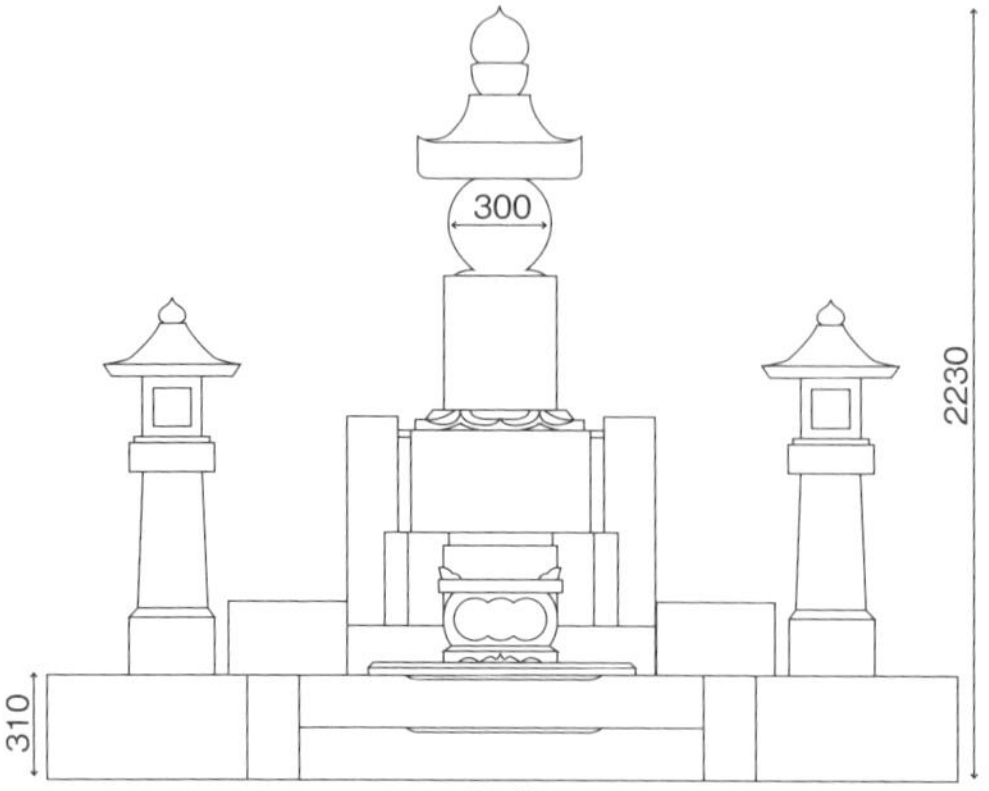

（単位：mm）

吉相墓完成図（十）

解説

敷地に余裕のある場合の例で、五輪塔には凡字が刻まれ、観音像も建ててあります。また、土台は土で覆われております。

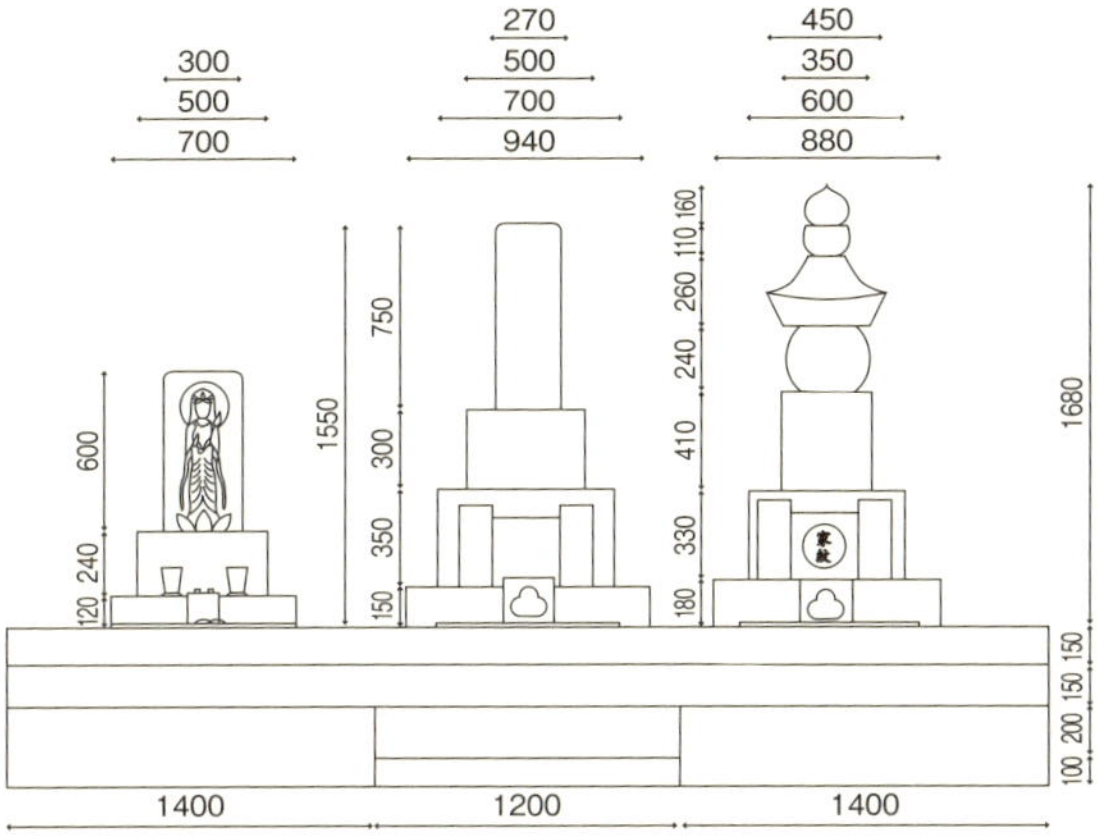

（単位：mm）

吉相墓完成図（一一）

解説

敷地面積は小さいですが、和型の三段式でバランスよく建てられています。カロートの下の地面は土です。

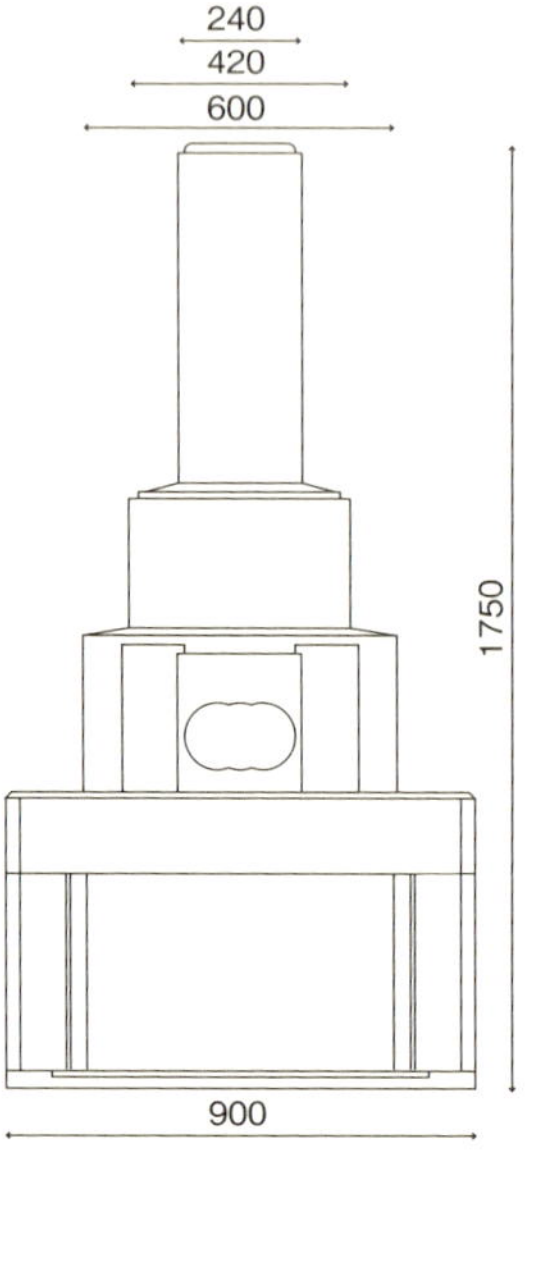

（単位：mm）

吉相墓完成図（一二）

解説

洋型墓石の吉相例です。家紋の位置が変わっていますが、問題ありません。墓碑の手前の石は墓誌となっています。

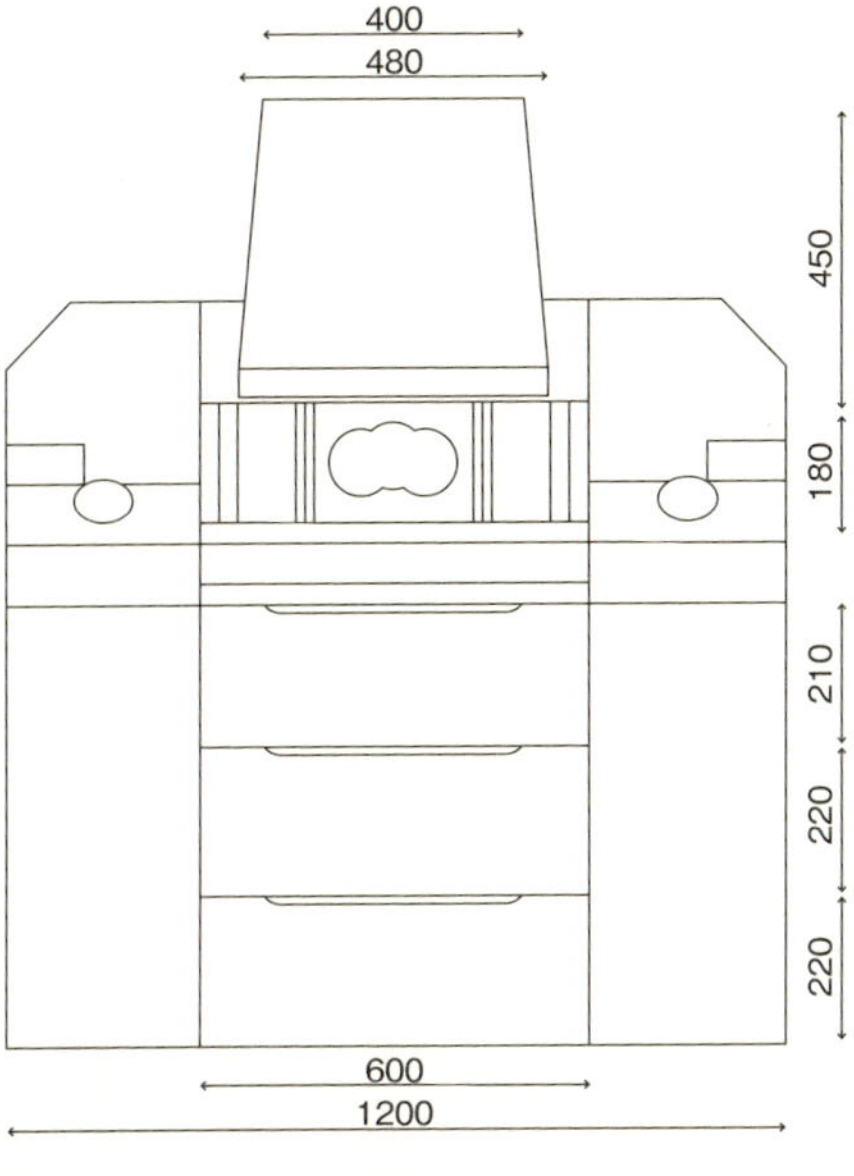

（単位：mm）

吉相墓完成図（一三）

解説

古い墓碑と合わせて五輪塔を建てた改築例です。位牌型の墓碑が特徴的です。こちらも完成直前の写真です。

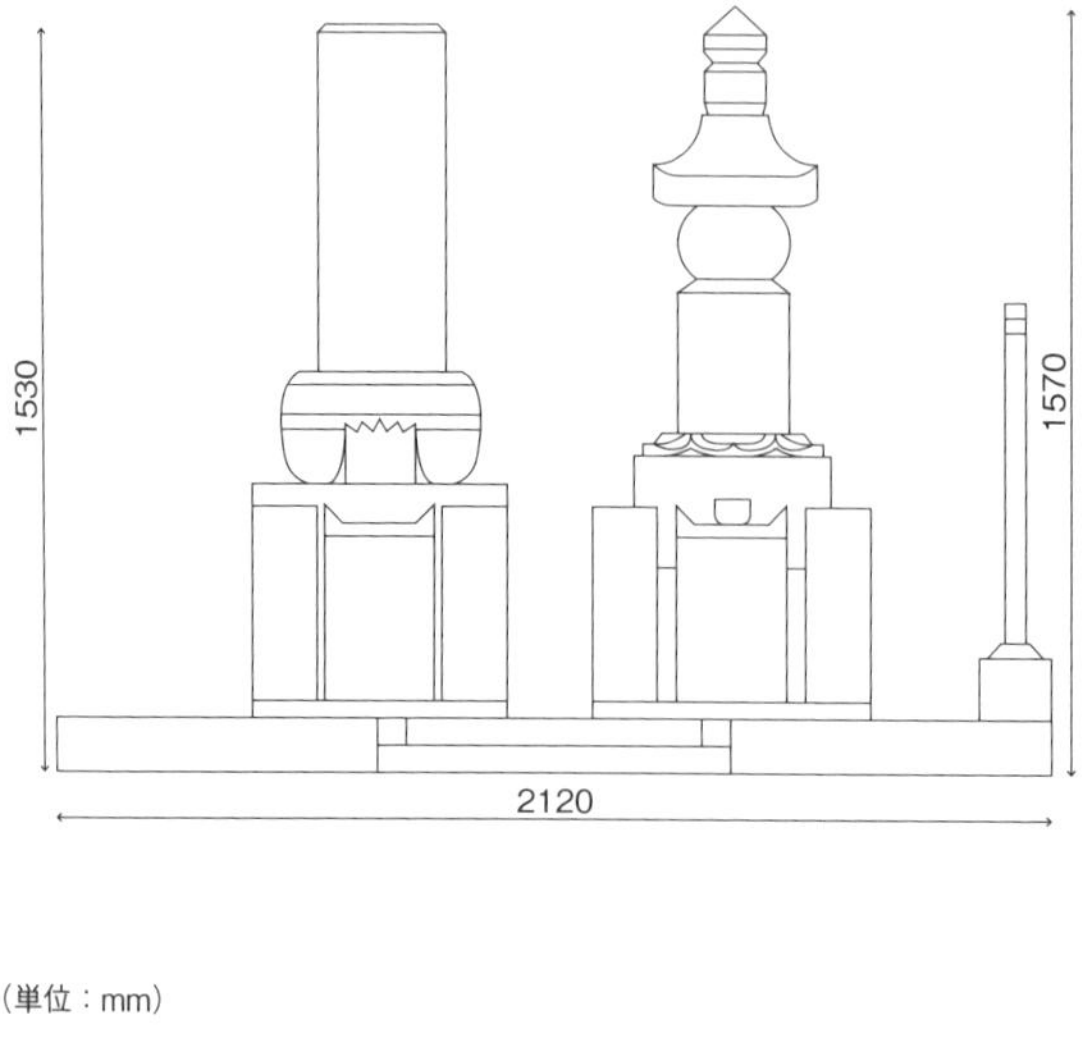

（単位：mm）

吉相墓完成図（一四）

解説

歴代住職のお墓です。宝篋印塔があり、中央は無縫塔《むほうとう》といい、手前は筆の穂先をかたどった筆子塚《ふでこづか》で、僧侶のお墓の典型です。

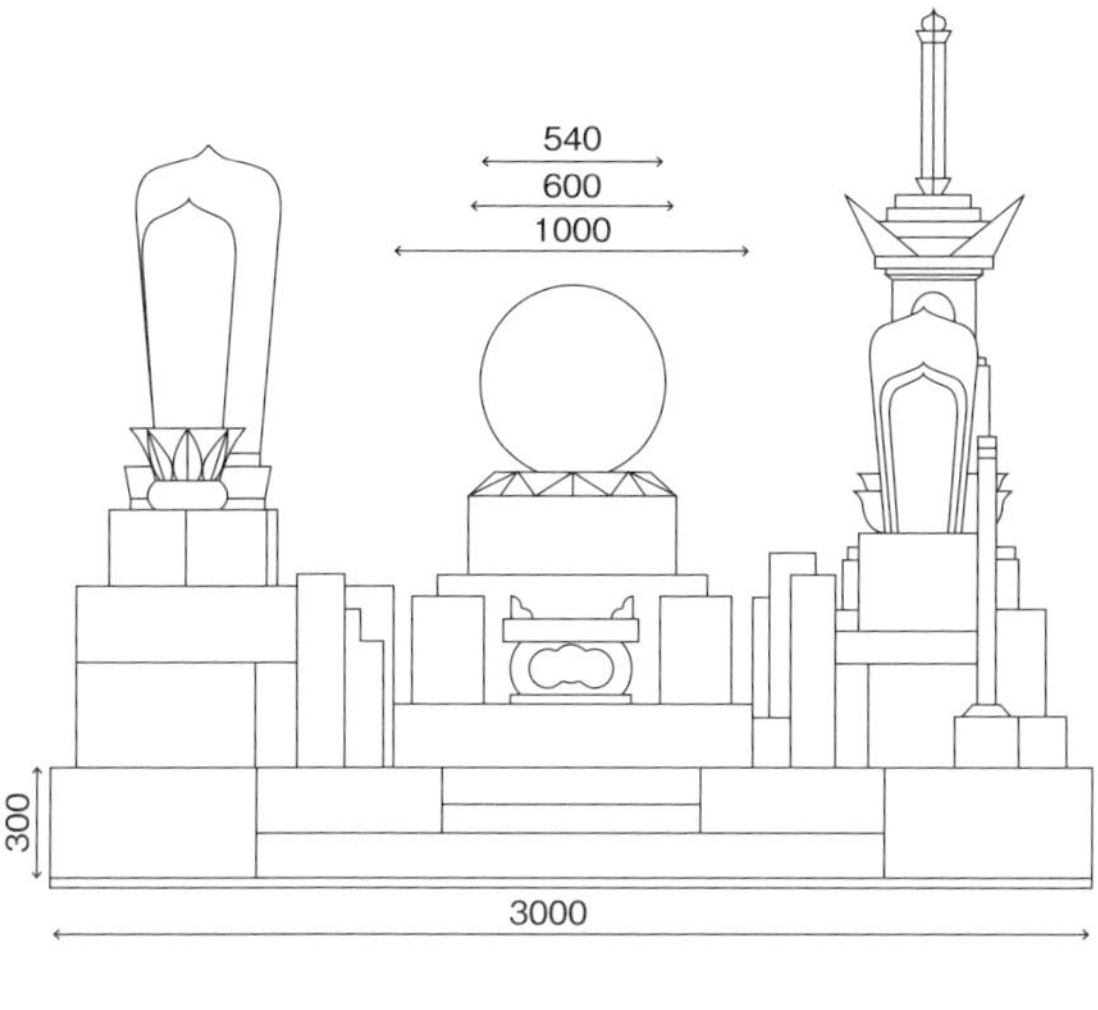

（単位：mm）

吉相墓完成図（一五）

解説

無縁仏の改築例です。中央に無縫塔（宗教家の供養塔）、両側に墓誌を建て吉相となりました。

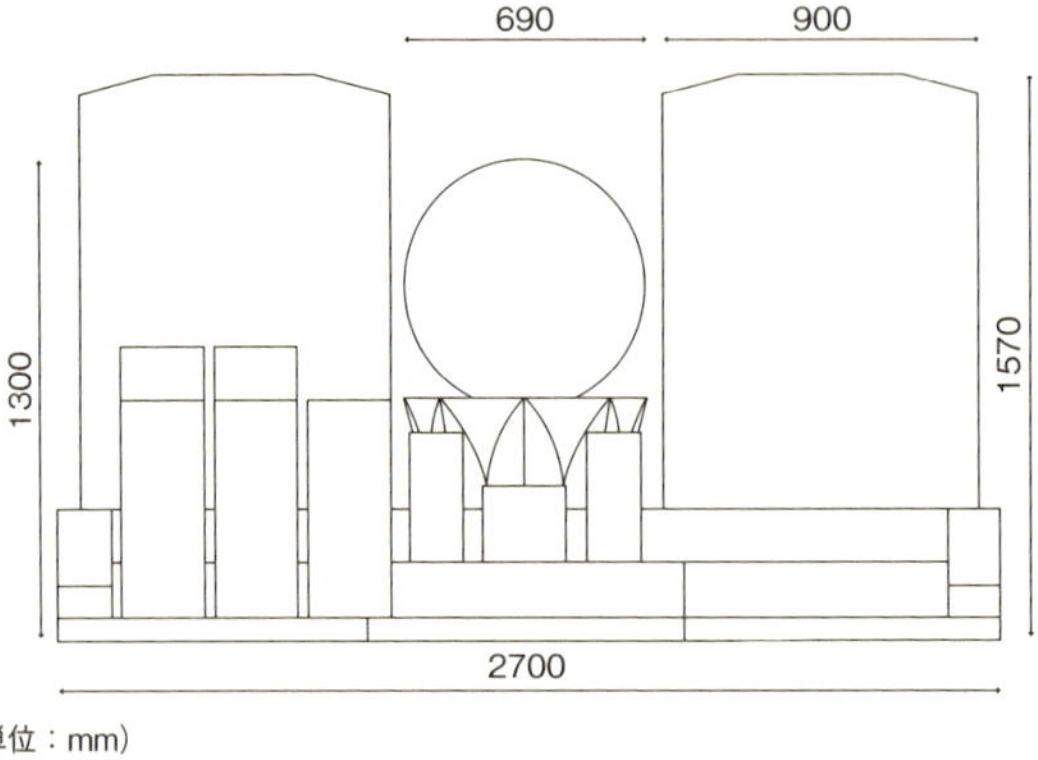

（単位：mm）

吉相墓完成図（一六）

解説

典型的な和型墓石の形です。周りには白い石が敷かれていますが、これも問題ありません。御霊入れ前の写真です。

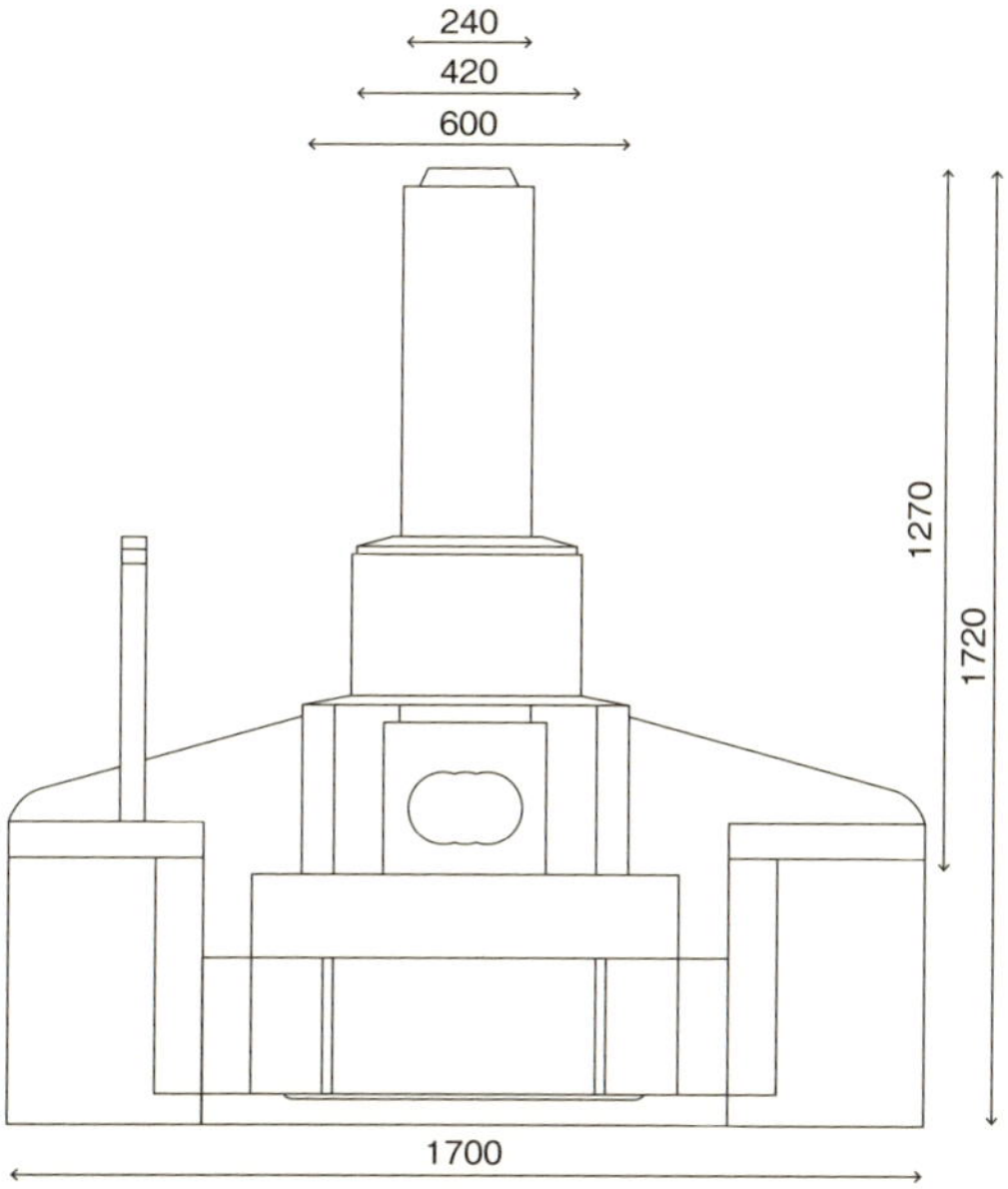

（単位：mm）

吉相墓完成図（一七）

解説

手前には草がありそこに土があるのが分かります。糖目石なので黒っぽく見えますが、和型の吉相と言えるでしょう。

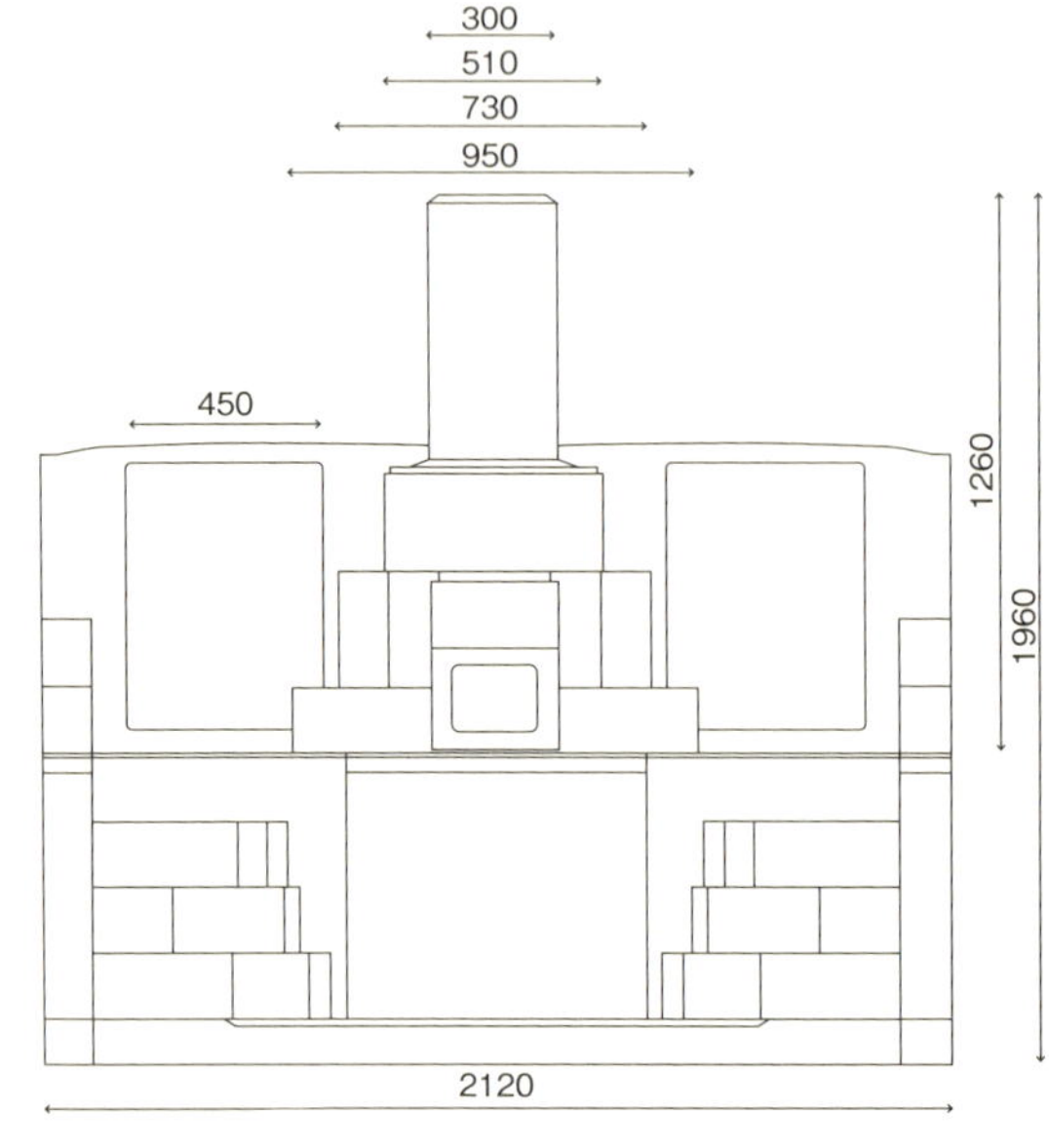

（単位：mm）

吉相墓完成図（一八）

解説

洋型の安定感のあるバランスのよいお墓です。家紋は花立に刻まれていますが、問題なく吉相と言えるでしょう。

（単位：mm）

吉相墓完成図（一九）

解説

シンプルな洋型の吉相例です。敷地に余裕のない場合は、全体のバランスを考え、三段に、カロートを地上につくりましょう。

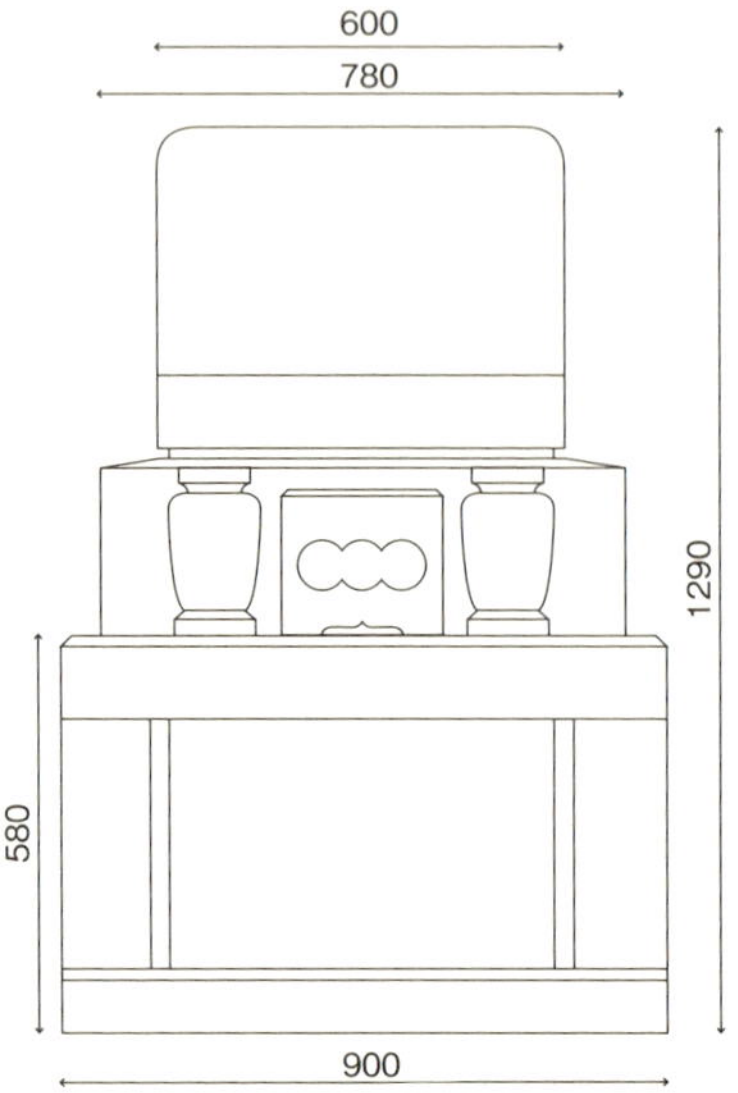

（単位：mm）

吉相墓完成図（二〇）

解説

前に香炉がありますが、家紋が隠れてしまうので問題ありません。美しい洋型墓石で、手前が墓誌になります（完成前）。

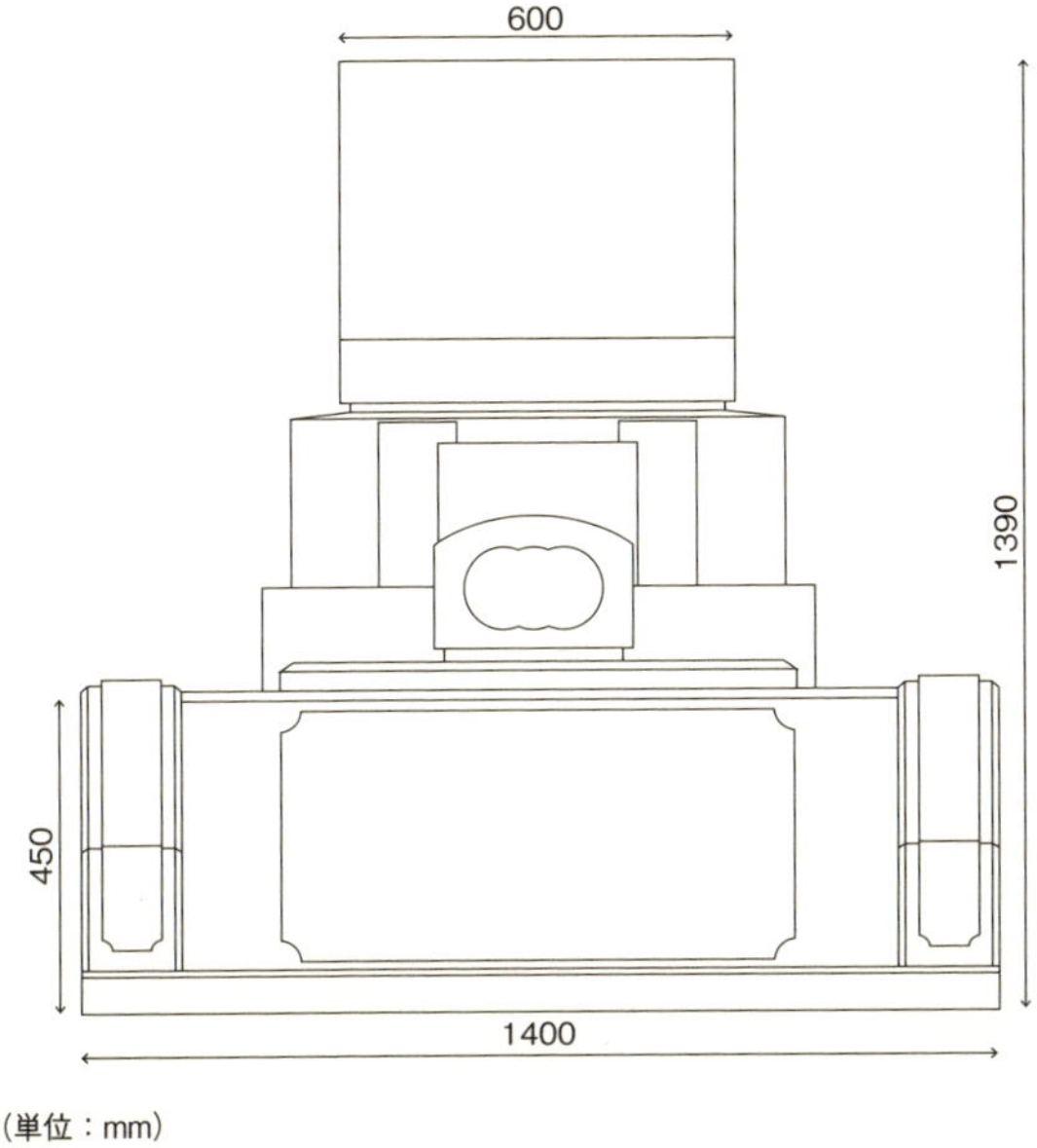

コラム

お墓をつくらないと…

お墓がなければ、墓相の吉凶もないだろうという考えからか、「さわらぬ神にたたりなし」といわんばかりに、墓地も墓碑もない人がいます。しかし、故人のお墓をつくらないのは、霊宅がない、霊を供養しないのと同じですから、「お墓がない」ことそのものが大凶相となります。先祖や家族のお墓は、いま自分自身が生きていることの根源につながるものです。したがって、お墓をもたない人の運命は、つねに根底がなく、吉凶こもごもにやってきて大成できません。たとえば、砂上の楼閣のように、いくら努力して築いた運でも安定性がなく、いつ倒壊するかわからなくなります。運命の波に翻弄されて、花が咲いても実がならないことになるのです。

では、なぜ、こうした運命を招くのでしょうか。その理由は、先祖を敬うための既存の象形がないということは、すなわち凶意を招く要因となるためです。そして、その凶相現象は、家庭不和、夫婦や親子の離別、一家離散、労して功なし、目的が成就しない、貧乏困窮、不慮の事故、また原因のわからない奇病などとなって表れます。

そうした凶意を避けるためには、まず、早急に、自宅に仏壇か神棚を備え、仏式では戒名を記した位牌、神道式では御霊代をお飾りして霊を祀ります。そして、一日も早くお墓をつくり、霊を供養しましょう。

第五章

お墓の移転・改修について

移転の手順

移転の手続きについて

墓地を移転して改葬することがありますが、一家の家族がすべて他の土地へ移り住んでしまい、誰もお墓を供養する人がいなくなった場合、現在住んでいる近辺に墓地を移転するのはよいでしょう。

また、従来の墓地が凶相であるため、吉相の墓地を求める場合や、都市計画などによる墓地整理で、やむを得ず移転する場合なども問題ありません。

しかし、墓地を移すことは改葬する、つまり遺骨を既存のお墓から新しいお墓に移して、埋葬し直すわけです。このため、移転した後に悪い現象が起こることがあります。それは、祖霊に報告もせず、自分の都合で勝手に移転したり、凶方位に当たるのを考えずに移したり、郷里などにある既存のお墓を放置したまま新しいお墓を建てたりしたことが原因となって、凶作用を招くことが多いのです。

お墓は単なる標札のようなものではなく、祖霊のよりどころとなっている「霊宅」ですから、根本的に「霊」そのものを無視したり、粗末にすることは大きな間違いで、正しいことではありません。

墓地を移す際は、このことに十分留意して、必ず霊前報告と脱霊修法を行ってから進めてください。その後、既存のお墓は墓石を処理し、墓地を更地にして管理者に返します。また、新しいお墓は、完成後に開眼供養を行います。

移転の手順や必要な手続きは、つぎのようになります。

まず、既存の墓地の管理者に移転を願い出て、埋葬証明書の発行を依頼します。寺院墓地の場合は、檀家から離れることになるため、とくに寺院や僧侶には、これまで長い間お世話になったことへの感謝の気持ちと、移転の理由を誠意を持って伝えましょう。

また、遺骨を移すには、新しい墓地が決まっていなければなりません。同じ宗旨・宗派のお墓が建てられ、既存のお墓に埋葬されている先祖の遺骨をすべて収蔵できる墓地を選びます。移転先の墓地が決まったら、新しい墓地の管理者から墓地の使用許可証を受け取り、受け入れ証明書を発行してもらいます。

つぎに、既存のお墓がある市区町村役所に申請して、改葬に必要な改葬許可証を発行してもらいます。改葬許可証は、一体の遺骨につき一枚必要となり、申請書も原則として遺骨一体ごとに提出しなければなりません。申請手続きには、新しい墓地の墓地使用許可証、受け入れ証明書、既存墓地の埋葬証明書などが必要です。

ただし、市区町村によって、必要な書類や申請の様式が多少異なりますから、事前に確認したほうがよいでしょう。また、改葬許可申請書には、死亡者の本籍・住所・氏名・性別、死亡年月日、埋葬または火葬の場所と年月日、改葬の理由と場所、申請者の住所・氏名・死亡者との続柄・墓地使用者との関係を記入します。確認が必要な事項は、あらかじめ調べておきましょう。

脱霊修法について

脱霊修法とは、墓碑の改修や修理、移転、追加の彫刻に際して、いったん墓碑から霊を抜くこと、つまり工事のために祖霊に離れてもらうことです。新しい墓碑を建立し、古い墓碑が不要になった場合も、霊前報告と脱霊修法を行なってから処分しなければなりません。原則として寺院や宗派の僧侶にお願いして行ってもらいます。

この脱霊修法の供養も行なわず、平然と石材店に改修などを依頼をする人がいますが、これは大きな間違いです。「墓碑も霊もわが物」という単純な考えから出る高慢な態度であり、祖霊に対してきわめて儀礼を失したことになり、何らかの形で霊の障りを受けることになります。

日取りについて

墓碑の改修や修理、移転などをするため脱霊修法を行なう場合は、新しいお墓を建てる場合と同様に、その方位が、年や月の暗剣殺・五黄殺・歳破・月破、そして年の死符などの方位に当たっていなければ、とくに心配する必要はありません。しかし、施主の本命星を調べ、方位から見て年回りがよい年、月を選んで着手することが大切です。

施主の本命星が、八宮（八方位）の震宮・巽宮・乾宮・兌宮・離宮に入る年は、よい年回りとなります。一方、坎宮・艮宮・坤宮と中宮に入る年は、悪い年に当たります。友引や仏滅の日、三隣亡の日、五黄の日、また当日、墓地の方位が暗剣殺や五黄殺に当たる日は避けるようにしましょう。

土葬墓の移転

土葬式の墓地を移転するため、先祖代々の遺骨を掘り起こして動かすことは、よくありません。「寝た子を起こすようなもの」であるだけでなく、先祖の霊に対して大変失礼なことになります。自分や家の都合で勝手に行なうと、三年以内に障りが生じやすくなってしまうのです。しかし、どうしても移転をしなければならない場合は、遺骨のかわりにそこの墓地の土を新しい素焼の壺に入れ、新墓地のカロートの中に遺骨代用として納めるとよいでしょう。

ただし、行政や都市計画などによって、寺院墓地や共同墓地などを全体的に移動する場合は、やむを得ないことで、役所や寺院の責任のもとに移動が執行されるわけですから、心配する必要はありません。

旧墓碑の処分

従来の一般的な処分方法として、旧墓碑を新しい墓碑の真下に埋め込んだり、墓地周囲の土留石になどに用いられたりしました。しかし、このような墓碑の扱いは大凶相となります。旧墓碑を脱霊修法も行わずに処分することは、必然的に霊の障りが生じ、とても危険なのです。

古い破損した墓碑や、崩れかかった墓碑、凶相の自然石の墓碑、そのほか旧墓碑、無縁墓碑などを処分する場合は、必ず僧侶によって脱霊修法を行ってもらいます。

そして、石材店に依頼して、その墓碑に刻んである文字の部分をすべて削りとってから処分してもらいます。または、寺院墓地内にある万霊塔（無縁墓碑を集めて供養する所）に納めてください。

なお、墓碑の文字を削りとる前に、刻まれている文字を正確に記録しておきます。

不要になった墓碑は、脱霊修法をしても、しなくても、旧墓地や新しい墓地内に埋めて処分してはいけません。天柱石（棹石）はもちろんのこと、たとえ人位石、地盤石であっても、新しい墓地の造成やそのほかに絶対に利用してはならないのです。立派な石だからといって、自宅の庭に運んで使用することなどは、もってのほかです。五輪の塔や灯籠も同様です。

もし、これを知らずに埋めたりすると、必ずさまざまな障りが生じてきますから、くれぐれも注意しましょう。

墓碑の配列と順番

旧家などで墓碑が数多くある墓地を、都市計画などによる寺院墓地の移転に伴って、新しい墓地に移さなければならない場合があります。そうした際の、墓碑の正しい配列は、つぎのようになります。

墓碑三基の場合を例にすると、墓地の入口の正面奥に、向かって右から左へ、墓碑の年代順に一列に配列します。

墓碑が一一基の場合は、年代順に、まず墓地の入口の正面奥に、向かって右から左へ順に五基、つぎに墓地の左側に、奥から入口側へ向かって順次左、右、左、右と、奥から入口側へ向かって順次三基を配列します。左右両側の墓碑は、墓地中央に向き、正面が向かい合うようにします。

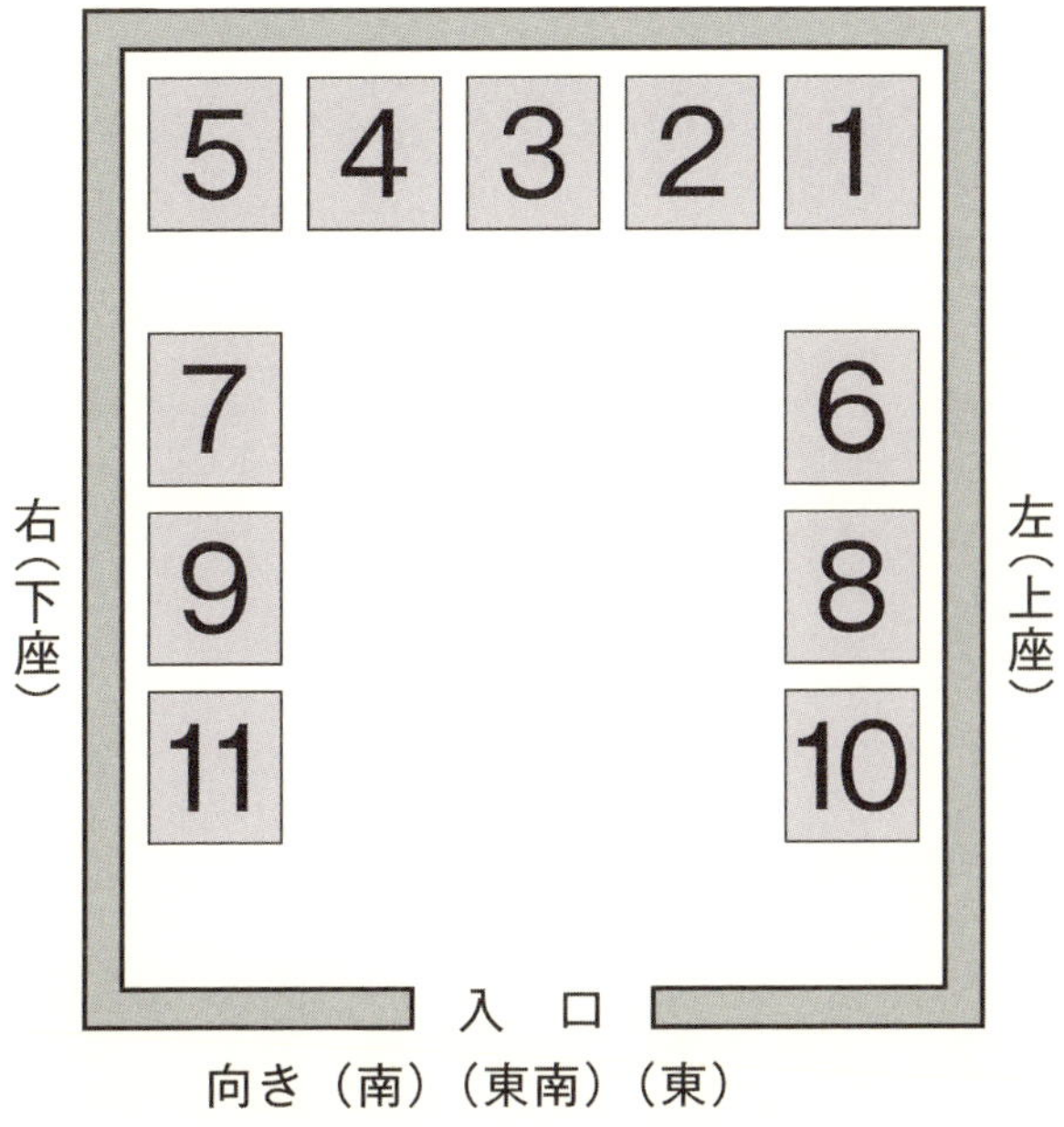

墓碑の保存方法

新しい墓碑を建立する際、不要になった古い墓碑を処分せずに、永久に保存することは望ましいことです。保存したい古い墓碑が吉相の墓碑で、新しく建てる墓碑の全体の高さより高い墓碑であれば、そのまま保存できます。しかし、墓地の面積が狭く、原型のままでは保存できない場合や、新しく建てた墓碑より高さが低く、正しい墓碑の配列順序に並べられない場合、また、大小の古い墓碑の数が多く、新墓碑の建立に都合が悪い場合などは、つぎの点に注意して保存してください。

まず、古い墓碑の整理、処分に先立って、先祖から伝わる古い数多くの墓碑を一緒にまとめて供養する「先祖代々の供養塔」を用意しておきます。各墓碑に刻まれている戒名などを正確に記録しておく墓誌も準備しておかなければなりません。

工事に当たっては、着手する前に、すべての古い墓碑に対して、新墓碑建立と、旧墓碑整理の霊前報告を行ない、僧侶によって脱霊修法を執り行ないます。その後、古い墓碑の中から、破損している墓碑や保存の価値のない墓碑、とくに凶相の墓碑である自然石の墓碑などを抜きとり、前述の処分方法にもとづいて処分してください。

保存する古い墓碑は、新しい墓碑を配列した背後に年代順に、正面から向かって右から左へ順に配列します。ただし、配列して保存する古い墓碑は、天柱石（棹石）のみです。

お墓の承継について

承継とは？

よく「お墓を継ぐ」といいますが、「継ぐ」のは墓地や墓石だけではありません。仏壇や仏具などもふくめて、先祖を祀るための財産は「祭祀財産」とされ、これらの祭祀財産を受け継ぐことを承継といいます。家や土地、預金などの「相続財産」の場合は、一般に配偶者や子供など複数の相続人がいますが、祭祀財産は一人の祭祀承継者が受け継ぎます。

承継者は、民法に「慣習に従って祖先の祭祀を主宰すべき者がこれを承継する」とあり、誰が承継者になるといった決まりはありません。一般的には、長男や配偶者が承継することが多いようです。相続人とは違う人が承継することもできます。

ただし、亡くなった人が生前、「承継者は○○に」と指定していた場合は、その指定された人が承継者となります。家族や親族以外の人を承継者に指定することもできます。その場合は、遺言書などの文書に残しておいたほうがよいでしょう。もちろん、承継者に指定された人や周囲の了承を得なければなりません。

また、お墓を承継するということは、先祖の祀りを引き継ぐことでもあります。したがって、墓地の管理料を支払い、先祖の法要を営まなければなりません。寺院墓地にお墓があり、檀家になっている場合は、寺院の行事に参加したり、寺院を維持するための寄付などを行なって、檀家としての務めも果たします。

承継手続きについて

お墓を承継した場合は、墓地の管理者に届け出て、名義変更などの手続きをしなければなりません。それによって新しい承継者が墓地の使用者となり、永代使用権を得ることになります。

ただし、お墓を承継しても、法的に市区町村の役所などへ届け出る必要はありません。また、お墓は祭祀財産であり遺産ではないため、相続税の対象にはなりません。

名義の変更に必要な書類は、それぞれの墓地や承継する人によっても異なってきます。通常は、名義変更申請書、旧名義人の死亡が記載されている戸籍謄本、旧名義人と承継する新名義人の関係を示す書類などを提出します。

旧名義人から指定されてお墓を承継する場合は、その旨を記した遺言書の提出が必要になったり、家族や親族以外の人が承継者になる場合は、その理由書などが必要になることもあります。

また、手続きには手数料がかかり、寺院墓地の場合は、手数料のほかに御布施や寄付金が必要になることもあるようです。事前に、墓地の管理者に、必要な書類や手数料などを確認しましょう。

墓地によっては、届け出の期限を定めているところもあます。承継したことを連絡しないまま期限が過ぎると、墓地の使用権を失ってしまう場合もありますから、早めに届け出たほうがよいでしょう。

第六章

家でのお参り

仏壇について

仏壇の構造

仏壇は、通常、観音開きの扉が二重につけられ、外扉（雨戸）と内扉の障子を開けると、中央に仏の座とされる須弥壇があります。この須弥壇《しゅみだん》の上に宮殿があり、その中に信仰する宗派の本尊を祀り、両側には脇仏を安置します。仏壇の各所は、鳳凰や孔雀などの鳥、龍、菩薩や天女、花などの彫刻や蒔絵で荘厳に装飾されていますが、これらは浄土を表しているといわれます。

一般に、仏壇の構造や名称は図のようになります。ただし、仏壇の種類、宗派、地域などによっても違いがあります。

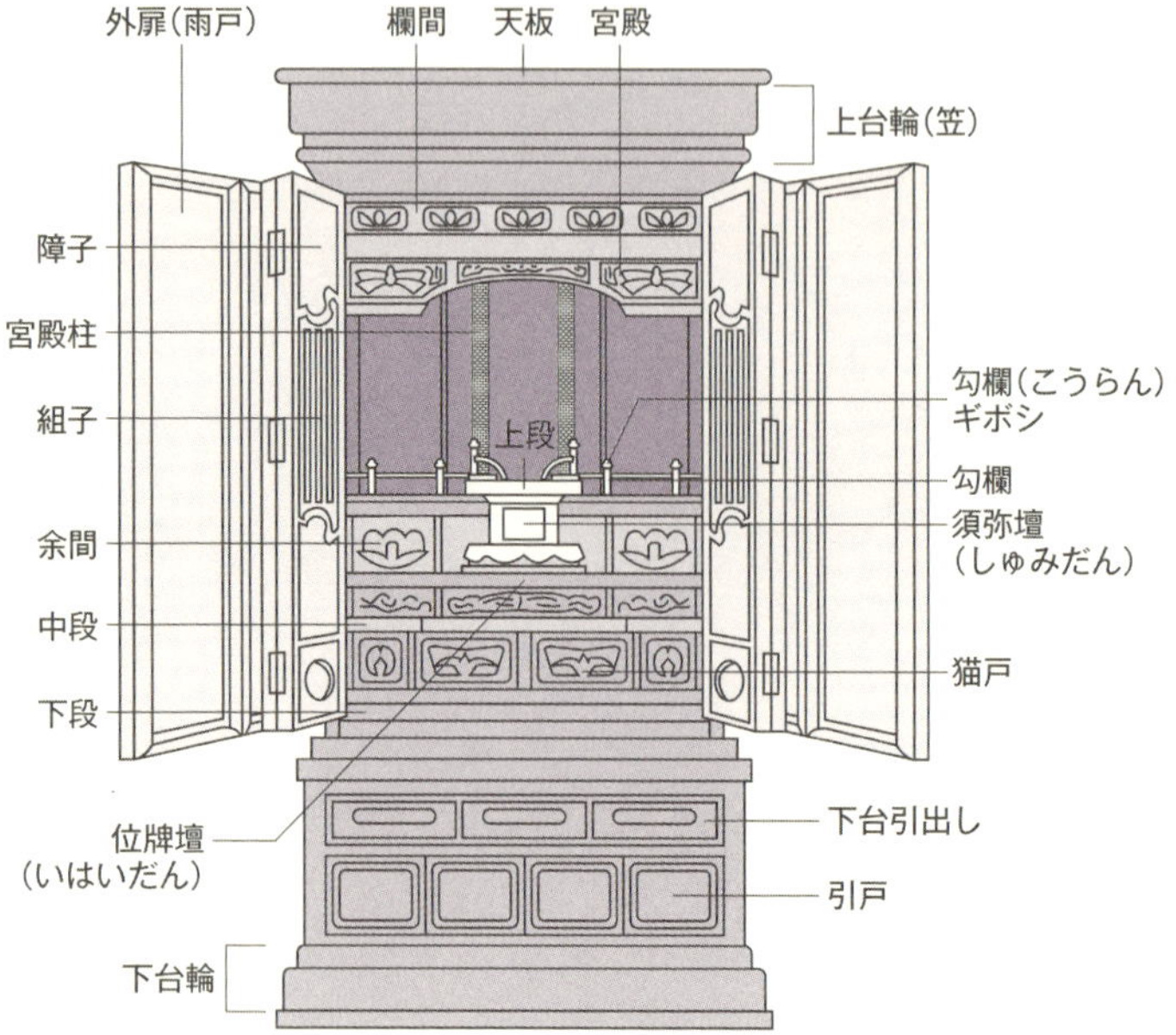

位牌について

亡くなった人の戒名や法号、没年月日を記して祀る木牌を位牌といいます。この位牌に故人の霊が宿る、つまり故人そのものと考えられています。ただし、浄土真宗では位牌は用いません。先祖の法名を書き記した過去帳または法名軸を祀ります。また、神道では位牌にかわるものを霊璽《れいじ》といいます。

位牌は、四十九日の忌明けまでは白木の位牌を用い、それ以降は漆塗りか唐木の本位牌を用います。忌明けの法要で、僧侶が白木の位牌から魂を抜き、本位牌に魂を入れる入魂供養を行います。その後、白木の位牌は菩提寺に納め、本位牌は仏壇に安置します。祀る位牌が増えた場合は、数枚の位牌札を納めることができる繰り出し位牌に移します。

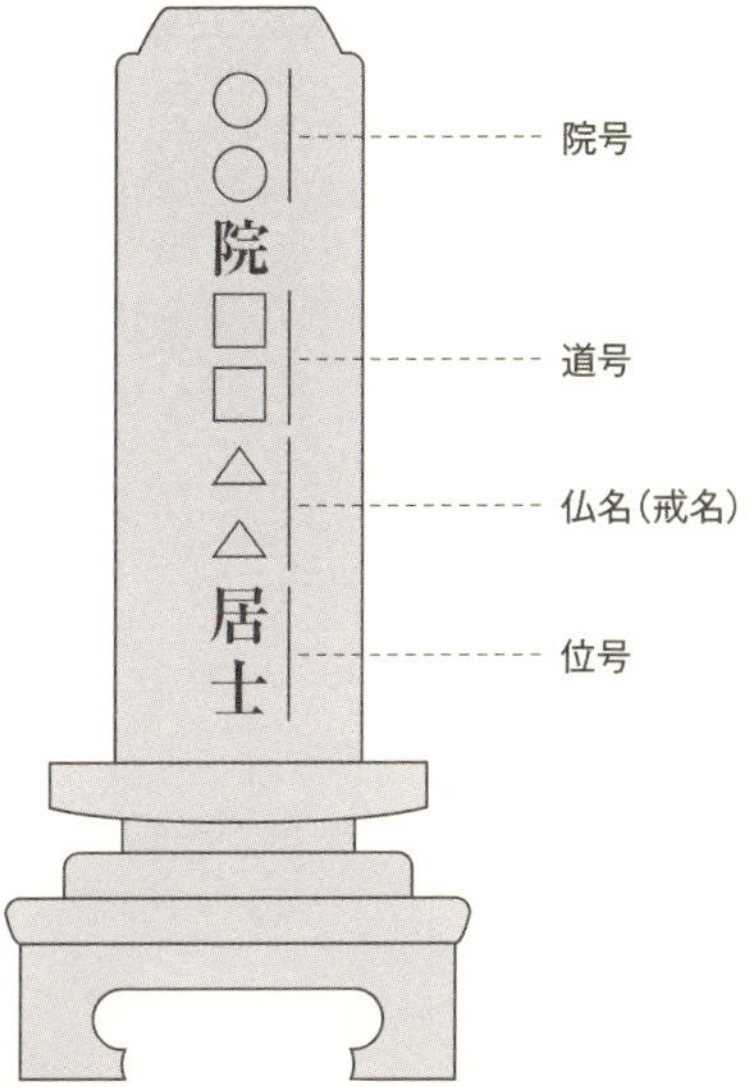

仏壇の置き場所

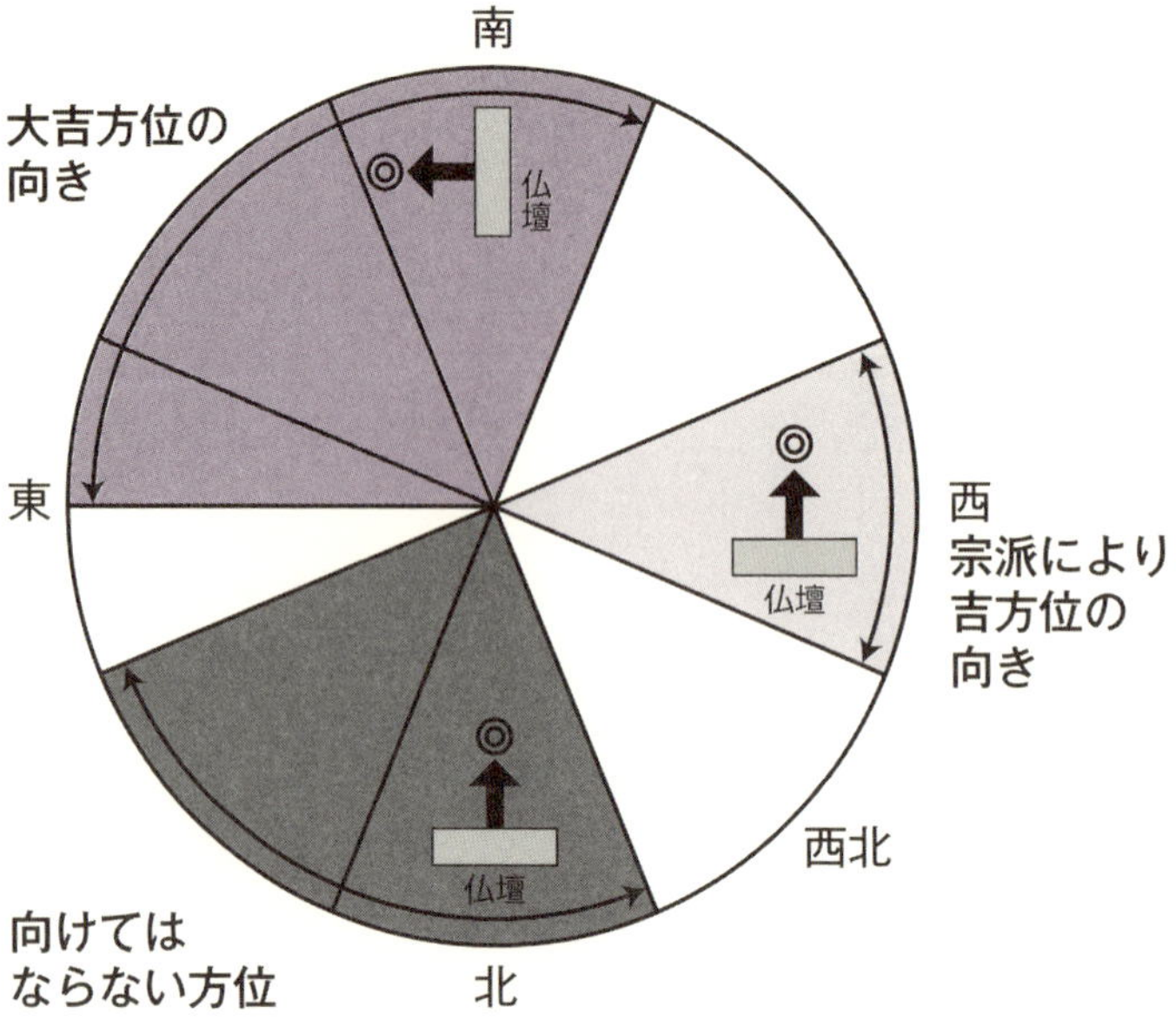

大吉

北に安置し南・東南に向ける
東に安置し東・南・東南に向ける
東南に安置し東・南に向ける
南に安置し東・東南に向ける
西に安置し東・南に向ける
西北に安置し南・東南に向ける

吉

北に安置し東に向ける
（宗派により、北に安置し西に向ける）
東に安置し西に向ける
東南に安置し西に向ける
南に安置し南に向ける
西に安置し東南に向ける
西北に安置し東に向ける

凶

北に安置し西南・西北に向ける
東に安置し西北に向ける
東南に安置し西南に向ける
南に安置し西に向ける（宗派によっては吉）
西に安置し西に向ける
西北に安置し西北に向ける

大凶

北に向ける（どの方位に安置しても大凶）
東北に安置する（どこに向けても大凶）
東北に向ける（どの方位に安置しても大凶）
西に安置し西南に向ける
西南に安置する（どこに向けても大凶）
西北に安置し西南に向ける

仏壇の拝み方

先祖の霊を祀る仏壇は、毎日、朝夕に礼拝します。できれば家族そろって手を合わせましょう。朝はきちんと洗顔をすませてから、朝食の前に炊きたてのご飯を供え、水やお茶も毎朝新しいものを供えます。

それから仏壇の前に正座し、数珠があれば手にかけて、灯明をともして線香を上げます。リンを二度鳴らし、合掌して、宗派のお経を唱えます。終わったらリンを二度鳴らし、灯明の火を手であおいで消します。

ただし、読経しないときは、二回目のリンは鳴らさなくてかまいません。

朝の礼拝後、二重扉の仏壇は、内扉だけを閉めておきます。夜は寝る前に、朝と同様に拝み、内扉・外扉とも閉めます。

〈礼拝の仕方〉

1

朝、洗顔をすませてから仏壇の扉を開ける。朝食前に水やお茶、炊きたてのご飯を供える。

2

正座し、灯明をともして線香を上げる。リンを二度鳴らして、合掌する。

3

できれば宗派のお経を唱える。礼拝が終わったら、灯明の火を手であおいで消す。

4

二重扉の仏壇は、朝の礼拝後に内扉だけ閉める。夜も朝同様に拝み、内扉・外扉を閉める。

神棚について

神棚の構造

一般に見られる神棚は、天照大神や氏神を祀るところで、小型の神社を模した宮形の中に御神札を納めます。

神棚の正面には御神鏡があり、その左右に真榊、灯明を配し、手前の左右には榊を立てます。前方には、紙垂をつけた注連縄を張ります。神棚には、神饌として米・塩・水を供えて拝礼します。

また、神道では、仏教の仏壇に相当する神棚があり、これは御霊舎（祖霊舎）といいます。先祖の霊を祀るための御霊舎は、一般的な神棚とは別に設けましょう。

神棚の作法

神棚は、大人が立った目の位置より高い場所につくります。神仏を合祀する場合は、向かって右上の高い所に神棚を、左下に仏壇を安置しなければなりません。

拝礼の作法は、「二礼二拍手一礼」が基本となります。まず顔と手を清め、口をすすいで清めた後、神棚に米・塩・水を供えます。神前に立ち、軽くお辞儀をして、その後に二度、深く頭を下げます。胸の高さくらいで両手を合わせ、二度、柏手を打ちます。そして、できれば祓詞を奏上し、神棚拝詞、祖霊拝詞を述べますが、これは省略して、心の中で祈念してもよいでしょう。つづいて、もう一度深く一礼し、最後に軽くお辞儀をして神前から下がります。

〈神棚の拝礼の作法〉

1 顔と手を清め、口をすすいで清める。神饌として米・塩・水を供える。

2 神前に立ち、軽くお辞儀をする。

3 二度、深く頭を下げる〈二礼〉。

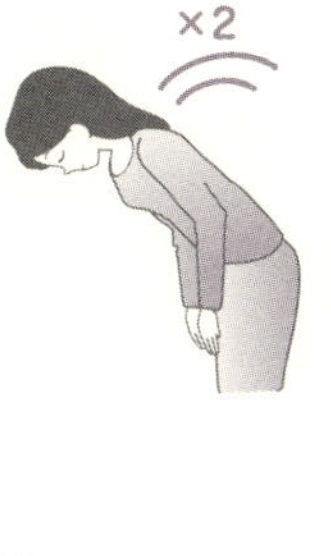

4 胸の高さくらいで両手を合わせ、二度、柏手を打つ〈二拍手〉。

5 祓詞を奏上し、神棚拝詞、祖霊拝詞を述べ、深く頭を下げる〈一礼〉。

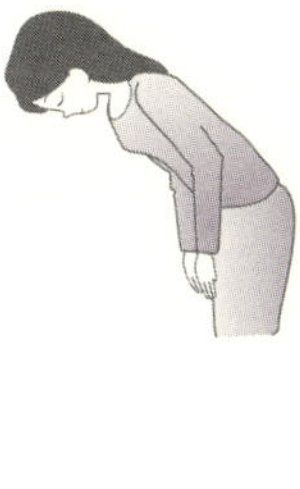

6 軽くお辞儀をして下がる。

神棚の置き場所

日本は大和の国、神の国といわれ、八百万の神様が天を治め、地を治め、人に宿っていると考えられています。神棚は家の中で大神宮などの神府やお札を祭るための棚で、決して粗末にしてはならない神域です。

そもそも神棚を家の中に祀るのは略式で、本来は敷地内の吉相地にお祀りするほか、土地の氏神・鎮守様に朝夕に参拝するのが正式です。家の中に祀るときは、大人が立った目の位置よりも高く清浄な所で、午前中の明るい太陽の日差しに向けるのが正しい位置となります。配置する位置だけでなく、向きも重要になりますので、吉相になるようにお祀りすることが大切です。

大吉 東に構え、南・東・東南に向ける。西北に構え、東南・南に向ける。東南に構え、東・南に向ける。

吉 北に構え、東・南に向ける。東に構え、西に向ける。西に構え、東・南に向ける。

凶 東に構え、北に向ける。西南に構える。

大凶 南に構え、北・西に向ける。東北に構える。

東の部屋

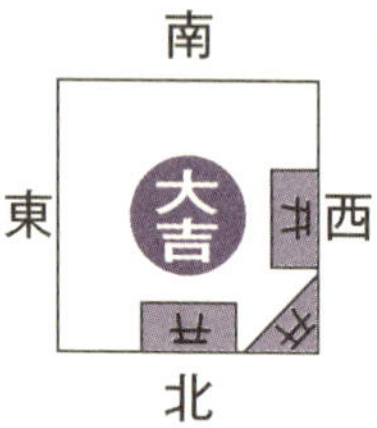

西北の部屋

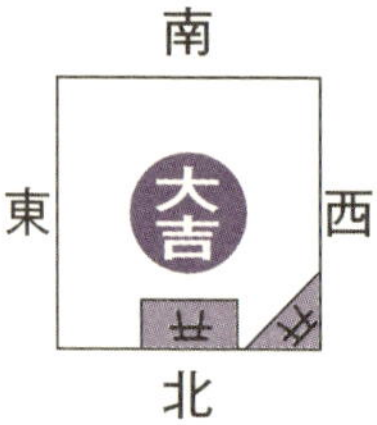

東の部屋

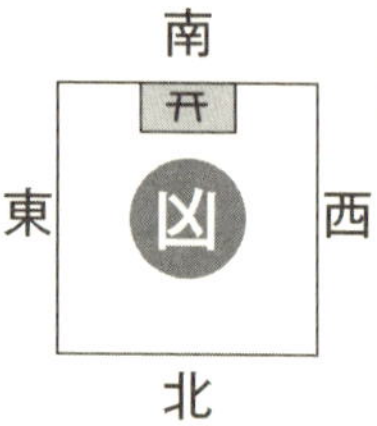

東北の部屋

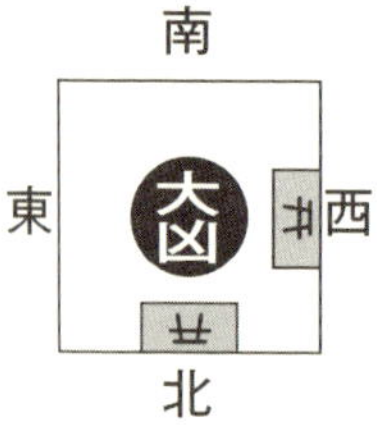

合祀の場合の置き場所

〈正しい神棚・仏壇の構え方〉

〈凶相の神棚・仏壇の構え方〉

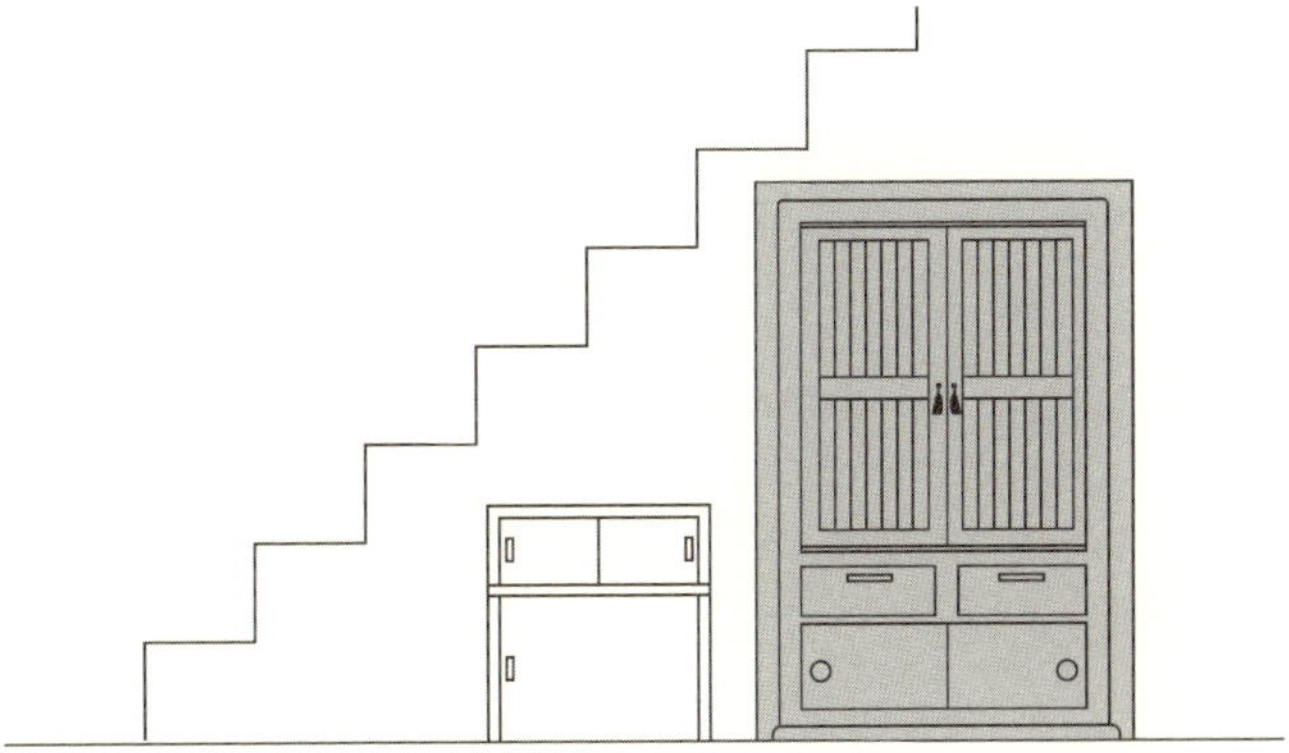

家運は栄えません。

向きや位置がよくてもトイレと背中合わせだったり、廊下をはさんで向き合ったりするのは大凶相です。家庭不和や病人が絶えません。

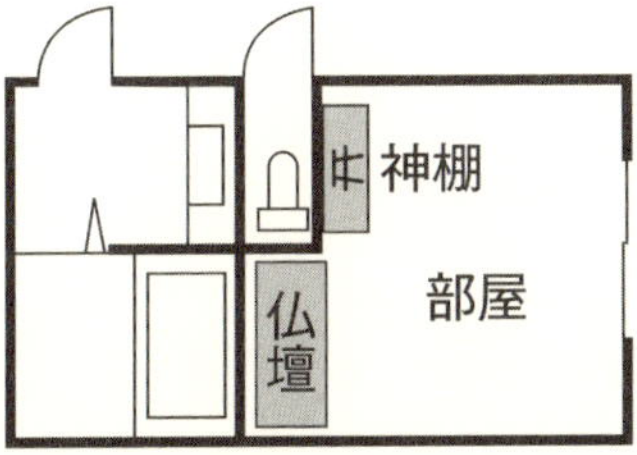

コラム

お彼岸とお盆

お彼岸は「迷いの多いこの世〈此岸〉から、悟りの境地〈彼岸〉へ至る」ということで、春と秋にあります。三月の春分の日と九月の秋分の日を中日として、その前後三日間ずつの七日間をいい、正式には彼岸会といいます。寺院では彼岸会が営まれ、家族でお墓参りして、春彼岸にはぼたもち、秋彼岸にはおはぎを仏壇に供えます。

中日は、昼と夜の長さがほぼ同じで、太陽が真東から出て真西へ入ります。この日に夕陽を拝むと、苦しみや欲望のない浄土、つまり彼岸の東門を拝むことになるといわれ、この時期に浄土にいる先祖を偲び、また自分たちも彼岸へ到達できるよう供養しようというのがお彼岸なのです。

お盆は、先祖の霊が家に戻ってくる日とされ、正式には盂蘭盆会といいます。七月一五日を中心に行われますが、月遅れで八月一五日前後にお盆の行事を営む地方もあります。一般には、先祖の霊を迎える盆棚（精霊棚）を設け、一三日にお墓参り、夕方には、戻ってくる霊が迷わないよう迎え火をたきます。そして、一六日の夕方に、送り火をたいて霊を送るのです。

故人の四十九日の忌明け後、初めて迎える新盆（初盆）には、親戚や知人を招き、僧侶に読経してもらい、会食するなど、とくに手厚く供養します。このようにお盆は、先祖に報恩感謝をささげ、供養し、先祖とともに過ごすときといえるでしょう。

よくある質問と答え

Q.1 吉相のお墓を建てる上で一番気をつけるべき点は何ですか?

A.1

吉相のお墓の第一条件は、墓地の日当たりがよいことです。せっかく吉相の墓碑を建てても、日当たりの悪い場所にあったのでは意味がありません。墓碑の向く方位が、日の当たる東か東南、あるいは南にあることも大切です。近くにある大樹の枝葉が繁って、墓地を暗くしているだけでも、家に災いが生じる原因になりますから、日当たりには十分に注意しましょう。

しかし、いくら日の当たる墓地がよいとはいっても、山の頂上や丘の上などにお墓を建てることは絶対に避けてください。

Q.2 自分だけのお墓をつくることはできますか?

A.2

自分一人だけの遺骨を納めるお墓、つまり個人墓をつくることは可能です。しかし、個人墓の場合は、承継する人がいないわけですから、自分が亡くなった後のお墓の管理について、永代供養の契約を結んでおかなければなりません。また、遺骨を永代にわたって収蔵する納骨堂で、屋内にお墓を建てる形態のところもあります。

ただし、永代といっても、「原則として五十年間」などと、自分のお墓として供養してもらえる期間は決まっていて、それを過ぎると合祀されることが多いようです。

Q.3 承継者がいないのですが…。

A.3

現行の民法では、墓地の使用者が承継する人を指定すれば、子供や親族でなくてもお墓の承継者にすることができます。その場合は、承継する当人や周りの人たちの承諾を得て、遺言書などの文書に残しておいたほうがよいでしょう。子供や親族もなく承継者がいない場合は、永代供養墓に改葬することも考えられます。

また、結婚して姓が変わった娘が、実家のお墓を承継することもできます。改葬して、夫婦双方の両親や先祖を一緒に祀る両家墓を建てることもあるようです。

Q.4 自宅に遺骨を保管してもよいでしょうか？

A.4

家族が亡くなっても遺骨を納めるお墓がなく、新たに建てる場合は、お墓が完成するまでの間、自宅に遺骨を安置しておいてもかまいません。

しかし、遺骨は本来、きちんと埋葬して土に帰すべきものです。それを怠って、故人の霊宅となるお墓をつくらなかったり、お墓があっても納骨しないで、そのまま遺骨を自宅においておくようなことは絶対にしないでください。霊を供養しないのと同じことになり、さまざまな凶意を招くことになってしまいます。

Q.5 お墓参りのマナーを教えてください。

A.5 お墓参りに特別な作法はありません。先祖の冥福をお祈りする気持ちが何よりも大切です。一般的には、お彼岸、お盆、年忌法要の際に行われ、お墓をきれいに掃除し、お花を供え、水鉢を水で満たします。そして、お線香を供えて、合掌しお祈りします。

掃除する際はタワシで擦らず雑巾で汚れを拭き取るようにすると、墓石を傷めることなく、きれいに長持ちさせることができます。

また、お線香に炎が上がってしまったら、仏様にお供えする線香を穢さないように、口で消さず手であおいで消しましょう。

おわりに

思えば「お墓」は、人間だけが持つものです。しかもお墓を建て、先祖の霊を供養することは、人間のみが成しえる至高の行為といえます。家にとって、お墓と先祖供養がいかに大切かということは、古より様々なかたちで述べられ伝承されてきています。とくに中国の故事には「大人の成功は家柄や教育とともに墓のあり方が重要」とあります。

あらゆる物には形があり、形ある物にはすべて「相」と「象」が生まれます。お墓も例外ではありません。人が作る墓碑にも形があり、相が備わり意義が生まれます。自然の仕組みや大宇宙の真理に反応して、人生を支配する命運を宿します。ですから、墓相に吉凶が生まれるのは必然なのです。安易に目前の吉凶を占い、吉方を選んでも、墓相の理法にかなった相のお墓がなければ、幸福な人生を送ることは出来ないといっても過言ではないでしょう。

長年、大勢の方々の墓相指導を行ってきた経験からも、お墓は子孫代々の運命に影響するものであることを実感しています。新しく建てたお墓が凶相だったために、事業に失敗したり、家族が相次いで不幸な目にあった家があります。また、古いお墓を正しく処分せず、崩壊するまで放置していた家では、原因不明の病気になった例もあります。このように、個人の運命は家運とつながり、一家の運命は墓相の良否に関連していることを忘れてはならないのです。

山を切り開いた崖の一面に横穴を掘って納骨したり、自然界に散骨する時代から墳墓として地域を固定化し、一家に一つは郷里に墓を持つ時代になりました。しかし今日では、参拝者の利便を優先した施設や、すべてが自動化されたお墓のマンションやお墓タワービルまでも誕生しております。中には、ペットと共に入れる霊園も誕生していることを、皆様はご存知でしょうか。これらのお墓の遺骨は後々どうなるのでしょうか。誰もが子孫代々に引き継がれお守りして頂けるとは到底考えられません。

愛する家族の死。その姿をこの世にとどめておきたいと思う心。いつの時代にあっても、現世と来世とのつながりをお墓を通して求めたとも考えられます。〝お墓はいらない〟という人達もいます。多様化する家族のありかたが違うように供養の仕方も変わってきている現実もあります。しかし、いずれ向き合わなければならない家族の死。そして自分の死。お骨は自然の大地に帰すことが最大の供養になることを考えるならば、最も良いお墓のあり方、そして供養の仕方を今一度考えていただけたら幸甚と存じます。本書は、正しい墓相学の知識を広く伝え、一家の幸福と先祖供養に活かしていただきたいとの思いから執筆いたしました。

最後になりましたが、研究調査にあたって株式会社ジョウコウの髙瀬秀樹社長には貴重な資料提供を頂き、多大なご協力を賜りましたことを紙面をお借りして、御礼申し上げます。

無量塾にて　井上象英

参考図書
『お墓と仏壇　選び方・建て方・祀り方』主婦の友社編（主婦の友社）
『「お葬式」の日本史』新谷尚紀監修（青春出版社）

著者 井上 象英（いのうえ しょうえい）

カバー＆本文デザイン　岩間正夫
編集　小田草介
カバー＆本文イラスト　芳賀　愛
構成　たなかゆうこ
編集協力　三創企画研究所
スタジオアール
創作工房あとらえる
写真・取材協力　株式会社ジョウコウ
宮内庁　書陵部畝傍陵墓監区事務所
宮内庁　多摩陵墓監区事務所
東京国立博物館
株式会社DNPアートコミュニケーションズ
明日香村教育委員会
飛鳥寺
笠岡市教育委員会
堺市博物館
南島原市教育委員会

知っておきたい **幸せになれる 墓相学**

2010年3月8日　第1版発行

発行者　木村依史
発行所　株式会社 神宮館
〒110-0015 東京都台東区東上野1丁目1番4号
電話　03-3831-1638（代）
FAX　03-3834-3332
印　刷　図書印刷株式会社
製　本　有限会社 丸山製本所

検印廃止

ISBN978-4-86076-097-7　1030130
Printed in Japan
神宮館ホームページアドレス　http://www.jingukan.jp